essentials

W0255813

Essentials liefern aktuelles Wissen in konzentrierter Form. Die Essenz dessen, worauf es als „State-of-the-Art" in der gegenwärtigen Fachdiskussion oder in der Praxis ankommt. Essentials informieren schnell, unkompliziert und verständlich.

- als Einführung in ein aktuelles Thema aus Ihrem Fachgebiet
- als Einstieg in ein für Sie noch unbekanntes Themenfeld
- als Einblick, um zum Thema mitreden zu können.

Die Bücher in elektronischer und gedruckter Form bringen das Expertenwissen von Springer-Fachautoren kompakt zur Darstellung. Sie sind besonders für die Nutzung als eBook auf Tablet-PCs, eBook-Readern und Smartphones geeignet.

Essentials: Wissensbausteine aus den Wirtschafts, Sozial- und Geisteswissenschaften, aus Technik und Naturwissenschaften sowie aus Medizin, Psychologie und Gesundheitsberufen. Von renommierten Autoren aller Springer-Verlagsmarken.

Stephan Moebius

René König

Wegbereiter der bundesrepublikanischen Soziologie

Springer VS

Univ.-Prof. Dr. Stephan Moebius
Karl-Franzens-Universität Graz
Graz
Österreich

ISSN 2197-6708 ISSN 2197-6716 (electronic)
essentials
ISBN 978-3-658-11208-0 ISBN 978-3-658-11209-7 (eBook)
DOI 10.1007/978-3-658-11209-7

Die Deutsche Nationalbibliothek verzeichnet diese Publikation in der Deutschen Nationalbibliografie; detaillierte bibliografische Daten sind im Internet über http://dnb.d-nb.de abrufbar.

Springer VS
© Springer Fachmedien Wiesbaden 2016

Das Werk einschließlich aller seiner Teile ist urheberrechtlich geschützt. Jede Verwertung, die nicht ausdrücklich vom Urheberrechtsgesetz zugelassen ist, bedarf der vorherigen Zustimmung des Verlags. Das gilt insbesondere für Vervielfältigungen, Bearbeitungen, Übersetzungen, Mikroverfilmungen und die Einspeicherung und Verarbeitung in elektronischen Systemen.
Die Wiedergabe von Gebrauchsnamen, Handelsnamen, Warenbezeichnungen usw. in diesem Werk berechtigt auch ohne besondere Kennzeichnung nicht zu der Annahme, dass solche Namen im Sinne der Warenzeichen- und Markenschutz-Gesetzgebung als frei zu betrachten wären und daher von jedermann benutzt werden dürften.
Der Verlag, die Autoren und die Herausgeber gehen davon aus, dass die Angaben und Informationen in diesem Werk zum Zeitpunkt der Veröffentlichung vollständig und korrekt sind. Weder der Verlag noch die Autoren oder die Herausgeber übernehmen, ausdrücklich oder implizit, Gewähr für den Inhalt des Werkes, etwaige Fehler oder Äußerungen.

Gedruckt auf säurefreiem und chlorfrei gebleichtem Papier

Springer Fachmedien Wiesbaden ist Teil der Fachverlagsgruppe Springer Science+Business Media
(www.springer.com)

Vorwort

Die vorliegenden Zeilen verdanken sich dem Umstand, dass René König in der Geschichte der deutschsprachigen Sozialwissenschaften zwar gemeinhin und unbestritten zu den zentralen Protagonisten und Akteuren der bundesrepublikanischen Soziologie gezählt wird, er aber, was die Literatur über ihn betrifft, im Verhältnis zu seinen Leistungen und Wirkungen mitunter zu einem der Vernachlässigsten gehört. Dieser Eindruck verschärft sich noch, wenn man die zahlreichen Publikationen über die anderen zentralen Akteure der westdeutschen Nachkriegssoziologie wie Theodor W. Adorno oder Helmut Schelsky in den Blick nimmt. Ausgehend davon war es mir ein Anliegen, die Person und Soziologie René Königs genauer in den Blick zu nehmen und kennenzulernen. Belohnt wurde ich dabei mit zahlreichen neuen Einsichten in die Geschichte der westdeutschen Soziologie, über die spezifische Geschichtsschreibung dieses Faches (und ihrer Auslassungen und diskursiven Ausschlüsse) und überdies mit vielfältigen neuen soziologischen Erkenntnissen.

Der vorliegende Text (ausgenommen die Einleitung) basiert insbesondere auf den Kap. 2.1 und 2.2 meines ausführlicheren Buches zum Thema, das unter dem Titel *René König und die „Kölner Schule". Eine soziologiegeschichtliche Annäherung* 2015 bei Springer VS erschien. Die aus den beiden Kapiteln bestehenden Textausschnitte aus diesem Buch wurden für das vorliegende *Essential* geringfügig bearbeitet, gekürzt und modifiziert.

Was Sie in diesem Essential finden können

- Eine Einführung in einen der wichtigsten Protagonisten der deutschsprachigen Soziologie und seiner Werke
- Eine Darstellung des Neubeginns, der Professionalisierung und der Konsolidierung der bundesrepublikanischen Soziologie

Inhaltsverzeichnis

Einleitung 1

In der soziologischen Fachgeschichtsschreibung gehören René König und seine „Kölner Schule" neben der „Frankfurter Schule" um Theodor W. Adorno und Max Horkheimer sowie neben Helmut Schelskys Soziologenkreis zu den drei zentralen, wirkmächtigen Soziologien der Nachkriegszeit (Dahrendorf 1960, S. 121; Lepsius 1979, S. 36 ff.; Sahner 1982, S. 23 ff.). Denn König trug nicht nur maßgeblich zur Neuausrichtung, Professionalisierung und Konsolidierung der westdeutschen Nachkriegssoziologie bei, sondern brachte die deutschsprachige Soziologie wieder zurück in die Internationalität. In den 1960er Jahren wurde er sogar Präsident der *International Sociological Association* (ISA). Sein Fischer-Lexikon *Soziologie* avancierte mit einer Auflage von über 400.000 Exemplaren zu einem regelrechten Bestseller, der sowohl die wissenschaftliche als auch die öffentliche Rezeption der Soziologie wesentlich vorantrieb. Mit seinem 14-bändigen *Handbuch der empirischen Sozialforschung* betrieb er gemeinsam mit seinen Schülern eine im Vergleich zu den anderen soziologischen Schulen einzigartige Professionalisierung sowie die methodische und methodologische Grundlegung der bundesrepublikanischen Nachkriegssoziologie.

Der theoretische, methodische und institutionelle Ausbau der Soziologie, die von König aufgefächerte Breite der Disziplin, das Setzen soziologischer Forschungsstandards sowie das mit seinem Namen verbundene wissenschaftliche und demokratische Ethos macht die Kölner Soziologie um René König von heute aus gesehen zu einer der bedeutendsten soziologischen Schulen der deutschsprachigen Soziologie. Dabei ist ein wesentlicher Bestandteil der Kölner Schule um René König (vgl. Moebius 2015a) und ihrer Breitenwirkung für die bundesrepublikanische Soziologie gerade die von König insbesondere durch die Sonderhefte der von ihm herausgegebenen renommierten *Kölner Zeitschrift für Soziologie und Sozialpsychologie* und die Taschenbuchausgabe des *Handbuch der empirischen Sozialforschung* vorangetriebene Ausdifferenzierung in unterschiedliche Spezielle

© Springer Fachmedien Wiesbaden 2016
S. Moebius, *René König,* essentials, DOI 10.1007/978-3-658-11209-7_1

Soziologien (mit empirisch begründeten Theorien mittlerer Reichweite). Und nicht zu vergessen: König erfuhr durch die Handbücher und Lehrbücher natürlich auch in der Soziologieausbildung eine immense Bedeutung. Nicht umsonst heißt der Lehrbuchpreis der Deutschen Gesellschaft für Soziologie [DGS] heute *René-König-Lehrbuchpreis.*

Aber wer war René König? War er jener unerbittliche „Fliegenbeinzähler", als den man ihn wegen der spezifischen empirischen Ausrichtung der Kölner Soziologie vielfach wahrgenommen hat? Wie passt dieses Bild mit Königs Vorliebe für Kulturanthropologie, Psychoanalyse und Ethnologie zusammen? Inwiefern waren er und seine Soziologie durch die biographischen Erlebnisse des erzwungenen Exils während des Nationalsozialismus geprägt? Was sind eigentlich die Inhalte seiner Soziologie? War er ein Vertreter einer „bürgerlichen Soziologie", die nur den gesellschaftlichen status quo festzuschreiben versuchte, wie insbesondere in den späten 1960er Jahren moniert wurde? Oder war er vielmehr engagierter Humanist und Moralist im Sinne des soziologischen Klassikers Émile Durkheim und verstand Soziologie als „angewandte Aufklärung", Oppositionswissenschaft und Gesellschaftskritik?

Biographischer Abriss

„Köln war unter den Schulen in den 50er und 60er Jahren von Münster bis Berlin, Erlangen-Nürnberg, Freiburg, Göttingen, Hannover, Heidelberg, Kiel, Mannheim, Marburg, München bis Tübingen die am deutlichsten erkennbare Schule. Das war sowohl auf die Rigidität der Methodologie als auch auf den persönlichen Einfluß Königs zurückzuführen", so Günther Lüschen in einem Rückblick auf 25 Jahre deutsche Nachkriegssoziologie (Lüschen 1995, S. 21). Folgt man den Schülern Königs, war es insbesondere die Person, seine fachlichen Anregungen, seine moralische Orientierung, sein Kosmopolitismus und sein Charakter, besser noch: der Habitus Königs, der einen bleibenden Eindruck hinterließ. Er beeindruckte seinen Schüler Erwin Scheuch „durch die Dynamik, als ein begnadeter Vortragender, als ein Mann mit einer erstaunlichen Bildung, vor allem aber auch als ein Kosmopolit, der allerdings als Emigrant Deutschland nicht sonderlich schätzte" (Scheuch 1998, S. 237). Sein Schüler Peter Atteslander berichtet von Königs Zeit im Schweizer Exil: „ […] König war der Zauberer. Er hat uns alle begeistert. Er hatte auch immer volle Hörsäle, obwohl er nur Titularprofessor war und nie eigentlich einen Salär von der Universität hatte."[1]

Einer Selbstbeschreibung zufolge ist ihm ein „kulturanthropologischer Relativismus", die Erfahrung der „Mannigfaltigkeit von Kulturgestalten", von Kind an eine „existenzielle Wirklichkeit" (König 1984a, S. 14). 1906 in Magdeburg geboren, wächst König als Sohn einer französischen Mutter und eines deutschen Vaters mit zwei Sprachen und in zwei Kulturen auf (vgl. zum Folgenden auch Oliver König 1996). Bedingt durch berufliche Reisen des Vaters lernt er als Kind noch italienisch und spanisch, später kommen neben lateinisch, griechisch und

---

[1] Peter Atteslander in einem unveröffentlichten Interview mit Karl-Siegbert Rehberg am 7. Februar 2011 (Projekt „Audio-visueller Quellenfundus zur deutschen Soziologie nach 1945" Rehberg/Fischer/Moebius).

© Springer Fachmedien Wiesbaden 2016
S. Moebius, *René König*, essentials, DOI 10.1007/978-3-658-11209-7_2

englisch noch türkisch, persisch und arabisch hinzu. Sein Hintergrund – in beiden Herkunftsfamilien – ist das „technisch-unternehmerische Milieu" (König 1999, S. 446), der Großvater väterlicherseits besitzt eine Maschinenfabrik und Eisengießerei, spezialisiert auf den Bau von Zuckerfabriken. Die Beziehung zu den Arbeitern ist eher familiär, man duzt sich und lebt auf dem gleichen Grundstück, so dass König früh sowohl den Arbeitsalltag kennenlernt als auch die Distinktionsmuster zwischen den sozialen Klassen. Mit Ausbruch des Ersten Weltkriegs kommen dann auch die Konflikte zwischen den Kulturen hinzu: Diskriminierungserfahrungen als „Französling", die König einen Teil seiner selbst „zu verteufeln und möglichst spurlos abzulegen" zwangen. „Ich reagierte spontan umgekehrt, stellte mich gewissermaßen mit dem Rücken zur Wand und begann, meine Umgebung scharf zu beobachten, weil ich plötzlich die Gewißheit bekam, daß ich von jetzt an dauernd damit rechnen mußte, von irgendwelchen Seiten her unvorstellbare Nackenschläge zu erhalten. " (König 1984a, S. 15 f.) Nach Angaben seines Sohnes Oliver König fließen beide Erfahrungen, „die frühe kulturrelativistische Erfahrung und die Notwendigkeit, den eigenen Standpunkt auch unter Belastungen zu behaupten, […] als emotionale Haltung bzw. existenzielle Stellungnahme (Alfred Adler) unübersehbar und von ihm auch oft betont in sein Wirken als Wissenschaftler ein" (König 1999, S. 434).

Zu seiner Herkunft aus einer bürgerlichen Industriellenfamilie gesellt sich noch ein weiterer zentraler „Lebensaspekt": die Kunst, insbesondere Musik (nahezu die gesamte Familie musizierte, König nahm Klavierstunden) und Malerei (König 1999a, S. 333 ff.). Mit ausreichend Kunstverständnis und dem sozialen Kapital an zahlreichen Künstlerbekanntschaften im Familienkreis ausgestattet, ist es König ein Leichtes, sich im Feld der Kunst zu bewegen und legt es letztlich auch nahe, über dieses zu forschen (vgl. Thurn 1992, 1998; sowie Moebius 2015b). Gepaart mit dem Kosmopolitismus Königs führt diese Inkorporierung kulturellen Kapitals insgesamt zu einem – nun gegen das familiäre Milieu gewandten – „bohèmehaften Habitus", der Oliver König zufolge später sowohl Mitarbeiter wie Studierende gleichermaßen faszinieren (und verstören) wird (König 1999, S. 438).

Den Ersten Weltkrieg und die Jahre bis 1922 verbringt König in Halle a. d. Saale. Isoliert und an den Rand gedrängt, durchlebt er in der Schule Erfahrungen der täglichen Diskriminierung. „Vorurteile sind nicht nur eine Realität, sondern sie erregten schon früh in mir eine wahre Leidenschaft, wo immer ich konnte, auf ihre Überwindung hinzuwirken", wird er später resümieren (Ebd., S. 18). Halt gibt ihm in dieser Zeit die linke Variante des deutschen Wandervogels (Ebd., S. 23, König 2013).

1922 nach Danzig gezogen, schließt er dort das humanistische Gymnasium ab. Auch hier macht er Diskriminierungserfahrungen und nimmt, wie er selbst schreibt, die „Abscheu" gegen jeden Rassismus mit auf seinen Lebensweg (König

1984a, S. 44). 1925 verlässt er Danzig, um in Wien Philosophie, Psychologie und islamische Sprachen zu studieren. Hier ist insbesondere die Begegnung mit Charlotte Bühler zentral und das psychologische Institut, das sie leitete. König lernt dort auch den berühmten Sozialforscher Paul F. Lazarsfeld kennen (Ebd., S. 56 f.).

Im folgenden Jahr zieht er nach Berlin, wo er mit Unterbrechungen durch Aufenthalte in Paris und Sizilien zehn Jahre verbringen wird. Er studiert dort Philosophie, Kunst- und Kulturwissenschaften, Romanistik und Ethnologie. Seine Lehrer sind unter anderem Max Dessoir, Eduard Spranger, Eduard Wechsler und Richard Thurnwald (vgl. König 1984a, S. 61 ff., 1987a, S. 230 ff.). Er promoviert 1930 bei Max Dessoir mit einer kultur- und kunstsoziologischen Arbeit über *Die naturalistische Ästhetik in Frankreich und ihre Auflösung. Ein Beitrag zur systemwissenschaftlichen Betrachtung der Künstlerästhetik*. Später wird er resümieren: „Trotzdem muss ich – von heute aus gesehen – zugeben, daß ich meinen Weg zur Soziologie über die Kunst gefunden habe" (ebd., S. 34). Eine erstaunliche Aussage eines Soziologen, der in der Soziologenzunft weithin mit der – von ihm selbst so genannten – „Fliegenbeinzählerei" quantitativer Sozialforschung assoziiert wird (vgl. König 1988a, S. 156). Diese Assoziation geht vor allem auf Königs Einsatz für die empirische Sozialforschung beim Auf- und Ausbau der Nachkriegssoziologie in der BRD sowie auf das Wirken seiner mit den empirischen Forschungsmethoden bestens vertrauten Schüler zurück.

Lebendig vermittelt wird ihm die Ästhetik der Künstlerexistenz in der Berliner Bohème. Seine Soziologie nimmt von der Kunst und der Literatur einen ihrer Ausgänge: mit der Soziologie und mit Karl Löwiths Sozialphilosophie des „Primat des Du" im Gepäck weiß sich König jedoch dem existenzialistischen Narzissmus, elitären Solipsismus und den selbstzerstörerischen Kräften der Bohème zu entziehen (König 1984a, S. 78 f.). Um nicht der Faszination der Kunst nachzugeben, „gibt es ein probates Mittel, das König früh erkannte und anwandte: die Brücken zur Wirklichkeit, welche literarische Werke aller Art bieten, können ihrerseits zum Gegenstand der Forschung erhoben werden, können hinsichtlich ihrer Voraussetzungen, Bauprinzipien, Zielweisungen durchleuchtet, insofern auf ihre erkenntnismäßige Tauglichkeit hin geprüft werden. Genau dies unternahm René König, als er gewissermaßen die Lektüre seiner Adoleszenz auf den Prüfstand einer Doktorarbeit stellte" (Thurn 1998, S. 250).

Die Dissertation *Die naturalistische Ästhetik in Frankreich und ihre Auflösung* (König [1931] 1998) untersucht gleichsam wissenssoziologisch die Beziehungen zwischen den Wissensgestaltungen, Denkformen, Weltanschauungen und Wirklichkeitssphären der Künstlerästhetik des 19. Jahrhunderts. Die Künstlerästhetik, ein Thema das sich als basso continuo durch die Kunstsoziologie Königs ziehen wird, wird als eigenes Untersuchungsobjekt in den Blick genommen und anhand von Manifesten, Werktiteln, Kommentaren, Briefen, Essays, Romaninhalten,

Vorworten etc. erforscht. Insgesamt eröffnen die Analysen der Künstlerästhetik für König einen

> neuen Zugang zum Problem der ‚Objektivität' der Erkenntnis in den Sozialwissenschaften, um mich der Sprechweise Max Webers zu bedienen, in dem ich schon damals das einzig echte Gegengift gegen die geisteswissenschaftliche Analyse erkannte, die sich mehr in subtilen Stilübungen über Kunst und andere Gegenstände erging als in Strukturanalysen. So stellten mir die künstlerische und die soziale Realität die gleichen logischen Probleme. Hierbei wurde ich nicht nur von Thurnwald beeinflußt, sondern auch von Bronislaw Malinowskis Meisterwerk über ‚Die Argonauten des westlichen Pazifik '[…], das ich auf Veranlassung von Thurnwald studierte. (König 1984a, S. 92)

Ganz zentral ist für ihn auch Thurnwald. Von jenem zu einem Paris-Aufenthalt bewegt, um dort über *Die neusten Strömungen in der gegenwärtigen französischen Soziologie* zu schreiben – ein Aufsatz, der dann 1931/1932 in Thurnwalds Zeitschrift *Völkerpsychologie und Soziologie* (später hieß sie *Sociologus*) erscheint (König 1978d), kommt König in Kontakt zur Durkheim-Schule, insbesondere zu Marcel Mauss. Erstmals erschließt sich ihm diese sowie die für die französische Soziologie so typische enge Verbindung zwischen Soziologie und Ethnologie (König 1984a, S. 91). Im Winter 1932/1933 entsteht auf einem kleinen südfranzösischen Gutshof der Eltern das Manuskript *Die ‚objektive' Soziologie Émile Durkheims*, mit dem er sich, unter anderem aufgefordert von Alfred Vierkandt, Werner Sombart, Max Dessoir und Wolfgang Köhler, zu habilitieren erhofft. Aber eine Habilitation über den reformerischen Sozialisten und Juden Émile Durkheim ist 1933 nicht mehr möglich, wie dem völlig perplexen König von mehreren Seiten zu verstehen gegeben wird (Vgl. König 1975, S. 9 f.).

König veröffentlicht 1935 *Vom Wesen der deutschen Universität*. In diversen Artikeln zum Thema in Zeitungen wie dem *Berliner Tageblatt* oder der *Kölnischen Zeitung* wandelt er zeitweise auf den Pfaden von Heideggers Rektoratsrede und rückt in die Nähe der Machthaber. Wie wohl seine spätere Position im soziologischen Feld ausgesehen hätte, wenn sein Plan, diese Artikel als *Gesammelte kulturpolitische Aufsätze* herauszugeben (vgl. Thurn 2000, S. 259), realisiert worden wäre? Der Opportunismus stößt auf keine Erwiderung und findet ein schnelles Ende: „Auf völkische Anklänge ohne ihren Segen reagierten die Nazis aber besonders gereizt und warfen König in ihren Rezensionsorganen ‚reaktionären Idealismus' vor" (Albrecht 2002, S. 166; siehe auch Thurn 2000, S. 259 ff.).

Unter dieses Verdikt fällt auch der Berliner Verlag „Die Runde", bei dem König seit 1932 Lektor ist. Finanziert von dem Studienfreund Gerhard Bahlsen, steht dieser Verlag dem „Dritten Humanismus" von Wolfgang Frommel nahe (König

1984a, S. 112, 1999b). Hier erscheint auch Königs Universitätsbuch. Aufgrund der vermutlich von seinem späteren Kontrahenten Helmut Schelsky stammenden Kritik in *Offenes Visier. Kampfblatt des Gaustudentenbundes Sachsen der NSDAP* und des daraufhin wirksamen Verbots des Universitätsbuches, ist „an eine Habilitation in Berlin nicht mehr zu denken" (Albrecht 2002, S. 166). Auf dem Rückweg von einer seiner Erholungsreisen nach Sizilien entschließt König sich, Deutschland zu verlassen und emigriert 1937 in die Schweiz. Er wollte sich nicht, „was nahe gelegen hätte, in das Land seiner Mutter, nach Frankreich absetzen, weil sein Vater dies als Affront gegen seine Heimat empfunden hätte. Da inzwischen der Zürcher Altphilologe Ernst Howald eine zustimmende Besprechung des Universitätsbuchs veröffentlicht hatte, nahm er mit diesen Kontakt auf und erschloss sich so den Weg in die Schweiz" (Thurn 2013, S. 283). Er bringt dort seine Habilitationsschrift „in die jetzige Form", das heißt, er nimmt das ältere Durkheim-Manuskript von 1933 und verknüpft es mit einer Kritik an der historisch- (und nun auch) (vgl. dazu Albrecht 2002, S. 166) existenzialistischen Soziologie. Anfang 1938 habilitiert er sich damit in Zürich (König 1975, S. 10).

Mit der *venia legendi* in Philosophie unter besonderer Berücksichtigung der Soziologie begann König in Zürich zu lehren (vgl. Zürcher 1995, S. 239 ff.; Morandi 2006, S. 278 ff.; Moebius 2014). Existenziell aber blieb seine Situation schwierig, da er neben den Einnahmen von Übersetzungen und Rezensionen, durch die er zudem an die fremdsprachige Literatur kam, bis nach Kriegsende, als er zum Honorarprofessor ernannt wurde, nur davon lebte, was ihm die Studierenden zahlten (König 1984a, S. 122 und 137 ff.; siehe auch König 1989, S. 118). Trotz seiner Liebe zu Zürich und seinen Anstrengungen, dort Fuß zu fassen, wurde er diffamiert und stets als Fremder behandelt (vgl. König 1989, S. 113 ff.). Bereits in den Kindheitserfahrungen angelegt, avanciert dieses Motiv des Fremden, verstärkt durch das „Trauma der Emigration", die „das Werk als Ganzes" durchzieht, „zum Zentrum seiner Selbstdeutung" (König 1999, S. 436). Dabei begegnet ihm nach Atteslander ein ambivalentes Zürich, auf der einen Seite das kleinliche, merkantile, auf der anderen Seite das geistig liberale, mit dem er sich „bis zum Ende seines Lebens" verbunden fühlt (Atteslander 1996, S. 167 f.). Er ist nicht der unnahbare Professor, sondern geht mit den Studierenden im Zürisee baden oder ins Kino; für die ausländischen Studierenden wird er zu einer Art „Integrationsfigur" (vgl. Zahn 1992, S. 279). So sammelt sich schon bald ein Kreis von Studierenden um ihn, die er tatkräftig fördert. Zu den Doktoranden und Habilitanden in dieser Zeit zählen etwa Ernest Zahn, Jiri Nehnevasja, Rinaldo Andina, Hansjürg Beck, Ernst Kux, Rolf Bigler, Jacob Taubes, Hans Weiss, Max Leutenegger, Clara Vontobel, Lucie Stampfli, Peter Atteslander und Peter Heintz (siehe König 1984a, S. 139 f.; Atteslander 1996, S. 166; Zürcher 1995, S. 265). Einige können ihre Arbeiten in Königs

Reihe *Beiträge zur Soziologie und Sozialphilosophie* veröffentlichen. Atteslander berichtet von der Zeit:

> Wir wuchsen in einer verschworenen Bande zusammen. Wir versuchten, ohne jegliche Mittel, empirische Forschung unter wahrlich abenteuerlichen, ich würde heute sagen unzumutbaren, Umständen durchzuführen. [...] Wir lasen in Zürich frühe Texte von Theodor Geiger ebenso wie jene von Gurvitch, George Friedmann und dem jungen Raymond Aron. René König paukte Durkheim, Simmel, Marx, Auguste Comte, Vierkandt, Troeltsch, Sombart, dann die Amerikaner Louis Wirth, Ezra Park, selbstverständlich Sorokin. Dann mußten wir die ersten Meister der empirischen Sozialforschung kennenlernen: Robert K. Merton, Lazarsfeld, Arensberg und William Foote Whyte. Ohne Malinowski und Radcliffe-Brown zu kennen, besuchte man besser René Königs Seminare nicht. (Atteslander 1996, S. 166 und 173)

König verfasst in der Züricher Zeit neben einigen Artikeln seine Bücher *Machiavelli. Zur Krisenanalyse einer Zeitenwende* (1941), *Sizilien* (1943), *Materialien zur Soziologie der Familie* (1946) und die programmatische Schrift *Soziologie heute* (1949), eine kritische, „soziologisch-gegenwartswissenschaftliche" Auseinandersetzung mit den „endgeschichtlichen Visionen" und der These des Verschwindens der Mittelklasse von Marx (König 1949, S. 37). Die über 360 Artikel über die Soziologie für das „Schweizer Lexikon" werden Jahre später den Grundstock für Königs berühmten Kanonisierungsversuch des Faches durch das „Fischer-Lexikon" liefern. Unmittelbar nach dem Krieg, noch in der Züricher Zeit, lernt er den US-HICOG-Offizier Edward Y. Hartshorne kennen, mit dem er eine realistische Konzeption der Reeducation bespricht; von den Amerikanern gebeten, hält er auch Vorlesungen in München, Köln und Marburg und stellt dadurch den Bezug zu Deutschland wieder her (Neumann und Schäfer 1990, S. 235 f.).

König nimmt 1949 den Ruf auf das Ordinariat in Köln in der Nachfolge Leopold von Wieses an. König kennt von Wiese über dessen Tochter, mit der und deren Ehemann Werner Guggenheim er gut befreundet ist (König 1988a, S. 140). Von Wiese lässt jedoch nur schwer von seinen Ämtern los (vgl. König 2000, S. 68 ff.), ja ist sogar bestrebt, die Kölner Zeitschrift nicht an König, sondern an Horkheimer und Adorno zu übergeben. Dadurch nimmt die Beziehung zu von Wiese Schaden. König ist weiterhin gewillt, in Zürich zu bleiben und hofft auf eine mögliche, in Aussicht gestellte Berufung nach Frankfurt. Als diese und damit verbunden auch die Option Zürich scheitert, da die Züricher die Berufungsangelegenheit mit Frankfurt als Lüge auffassen (vgl. Zürcher 1995, S. 270 ff.), fällt 1953 die Entscheidung und König zieht mit der Familie nach Köln, von ihm als eine Art zweite Emigration empfunden (vgl. König 1989, S. 126). Fremdheit verknüpft König wie der soziologische Klassiker Georg Simmel zu einer konstitutiven Perspektive der Soziologie (vgl. König 1987b). Wunsch- und Wahlheimat war jedoch nach der Rückkehr nach Deutschland Italien, dort hatte er in Grenzano di Roma seinen Zweitwohnsitz.

Die Jahre zwischen 1949 und 1953 sind für die Internationalisierung Königs von Bedeutung. Ein ehemaliger Freund aus dem Verlag „Die Runde", Arvid Brodersen, Acting Head des Social Science Department bei der UNESCO, fragt ihn, ob er bei der Begründung einer internationalen Soziologie-Gesellschaft beteiligt sein möchte (König 1984a, S. 159 ff.). So wird König einer der Mitbegründer der ISA (1949), in den 1960er Jahren ihr Präsident (1962–1966). Die internationalen Kontakte kann König während seiner ersten, von der Rockefeller Foundation finanzierten USA-Reise weiter ausbauen (ebd., S. 198 ff und 279 ff.). Dabei kommt er auch unmittelbar mit der US-amerikanischen Soziologie und Sozialforschung in Berührung. Später folgen etliche Gastprofessuren in den USA, wobei König des Öfteren mit dem Gedanken spielt, die Bundesrepublik zu verlassen und in den USA zu bleiben, denn stets begleitet ihn die Wahrnehmung, als „Heimkehrer" (vgl. dazu auch Schütz 2002, S. 104) nicht willkommen zu sein und seine einzigartigen Erfahrungen der Emigration nicht gewürdigt und anerkannt zu wissen. Auch die restaurativen und anti-intellektuellen Tendenzen der frühen Bundesrepublik und die Zeichen der Kontinuität zum NS-Regime befördern den dann in späteren Jahren immer deutlicher zutage tretenden Pessimismus und Skeptizismus (König 1984a, S. 185 und 189 ff.; Alemann 2000, S. 335). Der Grund, dennoch in Deutschland zu bleiben, sei der Wunsch gewesen, „die neue Generation im demokratischen Sinne zu erziehen", so König (1989, S. 121). Dazu gehört auch für ihn, seine Schüler zu Forschungsaufenthalten im Ausland zu ermuntern. „Bereits 1958 ging der erste Habilitand von René König, Peter Heintz, zunächst nach Santiago de Chile und dann weiter zur Fundación Bariloche nach Argentinien. Nico Stehr wurde Professor an der University of Alberta in Edmonton (Kanada). Dietrich Rüschemeyer übernahm eine Dozentur am Dartmouth College und wurde schließlich Professor an der Brown University. Wir selbst wanderten aufgrund eines Angebots der Harvard University 1962 nach den USA aus, und 1966 folgte Günter Lüschen zur University of Illinois in Urbana" (Scheuch 2001, S. 150). Dabei gingen die Schüler Königs nicht nur in die USA. Michael Klein etwa ging 1966 als Gastassistent nach Warschau, 1968 in die CSSR und 1973 nach Budapest.

Wie in Zürich, sind auch in Köln die Studierenden von Königs Freigeist und breitem Bildungshorizont begeistert. Nicht nur, dass er wie kaum ein Professor seiner Generation auch Studentinnen ernst nahm (Nave-Herz 2006, S. 19), er ist zudem, wie Ute Gerhard berichtet, ein „faszinierender Lehrer mit einer ‚echten Leidenschaft für das Lehren', dessen Vorlesungen – in prall besetzten Hörsälen – die Ansichten auf die Welt und eben die Gesellschaft veränderten und aus einem interdisziplinären Horizont, über die Philosophie, die Ideengeschichte und politische Theorie sowie die Ethnologie und Sozialpsychologie, zu den Besonderheiten soziologischen Denkens hinführten [...]" (Gerhard 2006, S. 53).

König ist für das Ordinariat in Köln bestens gerüstet: In der Züricher Zeit hat er ein eigenes Konzept von Soziologie entwickelt, dargelegt in *Soziologie heute* (König 1949), verfügt über eine große Lehrerfahrung, hat bereits eine Schar von Schülern, eine Schriftenreihe und hat sich unter anderem ein breites Wissen über die Familien-, Gemeinde- und Industriesoziologie sowie Soziologiegeschichte angeeignet – immer unter dem Postulat eines „methodologischen Pluralismus" und der moralischen „Leitidee, die Integrität des Menschen als sozial-kulturelle Persönlichkeit zu schützen" (ebd., S. 121 f.).

Die 1950er Jahre führen diese ungeheure Produktivität fort. König versucht nun, „die amerikanischen Forschungstechniken bekannt zu machen, aber nicht sosehr um der Theorie willen, sondern ausschließlich aus didaktischen Gründen, um die Lehre dieser Probleme zu erleichtern" (König 1987a, S. 14). 1952 erscheint der mit Zustimmung und Hilfe von Lazarsfeld und Robert K. Merton zusammengestellte Reader *Das Interview*, aus dessen Erweiterung und Aktualisierung mit Hilfe seiner Mitarbeiter Erwin Scheuch, Dietrich Rüschemeyer und Peter Heintz dann die zwei viel gelesenen, programmatischen Bände „Praktische Sozialforschung" werden (König 1984a, S. 204). 1958 publiziert König das in viele Sprachen übersetzte Soziologie-Lexikon im Fischer-Verlag, das mit über 400.000 Exemplaren zu einem der meistverkauften wissenschaftlichen Fachbücher avancierte und zur Popularisierung der Kölner Soziologie wesentlich beitrug. Zusammen mit dem Lexikon, dem mehrbändigen *Handbuch der empirischen Sozialforschung* (seit 1962), der Reihe „Kölner Beiträge zur empirischen Sozialforschung" sowie – seit 1955 – der „Kölner Zeitschrift für Soziologie und (nun) Sozialpsychologie" (*KZfSS*) und deren von König „erfundenen" Sonderheften versucht er „die Soziologie in Deutschland wieder auf Weltformat zurück[zu]bringen" (Ziegler 1998, S. 31). Das bedeutet aber auch, in Deutschland bislang kaum erschlossene soziologische Traditionen zugänglich zu machen, die in dieser Zeit durch die Ausrichtung auf die USA verstärkt aus dem Blick geraten. Gemeint sind insbesondere Königs Verdienste um die deutschsprachige Erschließung und Rezeption der Durkheim-Schule (vgl. König 1978a), die sowohl für seine Vorstellung sozialreformerischer Gesellschaftsgestaltung, sein Verständnis von Soziologie als „angewandter Aufklärung" (vgl. dazu Lepsius 2008, S. 89). als auch für seine Soziologiekonzeption einer „Soziologie, die nichts als Soziologie ist", konstitutiv ist. (König 1984a, S. 201, 1967b, S. 11) Und dies gilt auch größtenteils für seine Schüler. Insofern ist es zu einseitig, wie auch Rolf Ziegler betont, die „Kölner Schule" lediglich als Importeur der amerikanischen Sozialforschung zu betrachten, die in den Augen Königs „letzten Endes zu nichts anderem führe als theorieloser Fliegenbeinzählerei, spitzfindiger

Methodenakrobatik und forschungstechnischem Leerlauf. Wo er solche Tendenzen spürte, hat er sie selbst schonungslos gegeißelt und verspottet. [...] Die Warnung an uns ‚Jünglinge', richtige Soziologie zu machen und wirkliche Probleme zu behandeln, war auch für jeden von uns unüberhörbar" (Ziegler 1998, S. 30).[2]

Was waren diese „wirklichen" Probleme, die König seine Schüler aufforderte, zu behandeln? Ein knapper Blick in den sozialhistorischen Kontext der Entstehungsphase der „Kölner Schule", der „Ära Adenauer" (vgl. Geppert 2012; Conze 2009, S. 184 ff.), zeigt insbesondere folgende gesellschaftliche Prozesse, die hier nur stichwortartig erwähnt werden können: der bereits angesprochene Strukturwandel der Familie und Rückzug ins Private, die Urbanisierung und Veränderung der Gemeinden, das durch das „Wirtschaftswunder" steigende Konsum- und Freizeitverhalten, die Westintegration, das Verbot der KPD, das „Godesberger Programm", die Remilitarisierung, der Mauerbau, die Entwicklung der Massenmedien und der Motorisierung, industrieller und sozialstruktureller Wandel in der fortgeschrittenen Industriegesellschaft, Verdrängung des Nationalsozialismus; dann ab den 1960ern der „Baby-Boom", die Veränderung kultureller Werte und gesellschaftlicher Ordnungsvorstellungen, Beginn des Übergangs zur Dienstleistungsgesellschaft, Suburbanisierung, der einsetzende Individualtourismus aber auch eine ins Stocken geratene wirtschaftliche Dynamik; für das Ende der 1960er und den Anfang der 1970er Jahre sind die zunehmende Politisierung (nicht zuletzt auch durch die Erschießung des Studenten Benno Ohnesorg 1967 und die Notstandsgesetzgebung 1968), Brandts Außenpolitik eines „Wandels durch Annäherung", die Bildungsexpansion bei gleichzeitig bestehender klassenspezifischer Bildungs- und Chancenungleichheit sowie eine gewisse Liberalisierung und Abkehr traditioneller Moralvorstellungen kennzeichnend, insbesondere bei der Jugend (etwa in Fragen der Sexualität) (vgl. Conze 2009, S. 237 ff. und 331 ff.).

Die Auswahl der Forschungsthemen Königs und seiner Schüler und die damit verbundene soziologische Problemwahrnehmung der gesellschaftlichen Verhältnisse spiegeln auch den stets mitlaufenden Problembewältigungswillen der Kölner wieder. Dabei weisen König und seine Schüler, verglichen mit den anderen Fachvertretern der Soziologie und Denkschulen der Nachkriegszeit, eine einzigartige fachliche Breite und Tiefe auf: von Sozialpsychologie und Familiensoziologie über Jugend-, Sexualitäts-, Sport-, Gemeinde-, Migrations-, Medizin-, Kriminal-, Professions-, Arbeits-, Technik-, Betriebs- und Industrie- bis hin zu Konsum-, Freizeit-, Kunst-, Mode-, Medien-, Wissens-, Ethno- und Stadtsoziologie wird dem

---

[2] „Mit den in den 60er und 70er Jahren allmählich sich konstituierenden qualitativen Methoden konnte er aber auch nicht warm werden, obwohl sie seinem ethnologischen und feldorientierten Ansatz am ehesten entsprachen, da er sie allzu sehr mit der geisteswissenschaftlichen Verstehenstradition identifizierte, die er ablehnte. " (O. König 1999, S. 440)

gesellschaftlichen Struktur- und Kulturwandel und den sich damit ändernden Verhaltensweisen der Akteure in größtmöglichem Umfang nachgegangen und anhand der Lexika und Handbücher zugleich auch tragfähige systematische, soziologiehistorische und methodologische Fundamente für die allgemeine und empirische Soziologie geschaffen (vgl. u. a. König 1965a, 2006a).

Zu Königs Schülern zählen unter anderem Erwin K. Scheuch, Peter Heintz, Dietrich Rüschemeyer und Peter Atteslander, Fritz Sack, Hansjürgen Daheim, Hans-Joachim Hoffmann-Nowotny, Wolfgang Sodeur, Rolf Ziegler, Karl-Dieter Opp, Hans Joachim Hummell, Rainer M. Lepsius, Hans Peter Thurn, Hans J. Hummell, Dieter Fröhlich, Heine von Alemann, Gerhard Kunz, Heinz Sahner, Wolfgang Sodeur, Günther Lüschen, Michael Klein, Günter Albrecht, Klaus Allerbeck oder Kurt Hammerich (Scheuch 1998, S. 241).

Im Vergleich zu den Artikeln der Kölner *Zeitschrift für Soziologie*, die noch während der Herausgeberschaft Leopold von Wieses dort publiziert wurden, steigt nun mit König als alleinigem Herausgeber der *KZfSS* von 1955 bis 1975 „der Anteil empirischer Arbeiten" um ein Dreifaches an. Das mag jedoch nicht darüber hinweg täuschen, dass die *KZfSS* im Vergleich zur 1949 erstmals erscheinenden *Sozialen Welt* und der ab 1972 gegründeten *Zeitschrift für Soziologie* maximal gesehen nicht so viele empirische Beiträge veröffentlicht wie diese (vgl. Krekel-Eiben 1990, S. 152). Was allgemein für ihre Ausgewogenheit oder Offenheit auch für theoretische Arbeiten bis in die 1970er Jahre spricht. Neben der Publikationsmöglichkeit in der Zeitschrift dienen auch die Sonderhefte den Jüngeren der korporativen Identitätssicherung der Kölner Soziologie. Natürlich wirkt die Zeitschrift auch als *gate keeper*, wobei sich König aber weitgehend dem wissenschaftlichen Ethos der Offenheit für andere Perspektiven verpflichtet fühlt. Was vielleicht auch eine Art Strategie sein kann, um andere Zeitschriften klein zu halten. Zumindest hatte König auch Angst vor alternativen Zeitschriften, wie ein Brief an Scheuch vom 25.2.1971 anlässlich der Gründung des Mitteilungsblattes „Soziologie" der DGS vermuten lässt, in dem König anbietet, Mitteilungen und Nachrichten der DGS in der *KZfSS* abzudrucken, womit ein eigenes Mitteilungsblatt überflüssig wäre[3]

1974 wurde König emeritiert. Nach seiner Emeritierung folgten noch einige Forschungsaufenthalte bei den Navajo-Indianern in Arizona. Seine letzte Buchveröffentlichung *Soziologie in Deutschland. Begründer/Verächter/Verfechter* erscheint 1987. Das Buch umfasst eine Reihe älterer Texte zur Geschichte der Soziologie sowie zur Frage der Soziologie vor und im Nationalsozialismus. Damit rief König wieder ältere Debatten der bundesrepublikanischen Soziologie auf den Plan, die sich um die Frage drehten, „ob die Soziologie bereits vor 1933 an ihr

---

[3] DGS-Akten im Sozialwissenschaftlichen Archiv Konstanz, Signatur DE-SAK-B1−3616.

Ende gekommen war (Schelsky) oder ob sie gerade gegen Ende der Weimarer Republik eine fundamentale Belebung erfahren hat", die dann „brutal zum völligen Stillstand gebracht" worden sei (König [1958] 1967b, S. 14, 1987a, S. 343 ff.; Lepsius 1979, S. 26, 1981, S. 17; Schelsky 1981, S. 15; zur Diskussion vgl. auch Srubar 2013).

Bis zu seinem Tod beschäftigten König verständlicherweise die Jahre des Nationalsozialismus, der Emigration und vor allem das Unvermögen der Deutschen, sich nach 1945 dem Ganzen zu stellen. *Soziologie in Deutschland*, so König in seinem für manche Zuhörer verstörenden Vortrag über „Identität und Anpassung im Exil" auf dem trinationalen Soziologiekongress 1988 in Zürich, sollte ihm und anderen „dazu dienen, die Reste des Nationalsozialismus in Deutschland deutlich zu machen, worin ich eigentlich mit allen Emigranten – seien es jene meiner Altersklasse, die jüngeren sowie die älteren – einig bin. Das sollte den in Deutschland verbliebenen zu denken geben. Ich bin also nicht im eigentlichen Sinne heimgekehrt: dieses Erlebnis hatte ich einzig bei Begegnungen mit Menschen, die wie ich ins Exil gegangen waren und nun hoffnungsvoll in ein neues Deutschland zurückkehrten" (König 1989, S. 123).

Am 21. März 1992 verstarb König in Köln. Am 27. März 1992 erschien in *Die Zeit* ein Nachruf, in dem er mit folgenden Worten zitiert wird: „Denn was nutzt eine Forschung, die dem Menschen nicht hilft, seine Situation besser zu verstehen?"

Die Eckpunkte von René Königs Soziologie

Die fachliche Breite und Tiefe der von König vertretenen Soziologie drückt sich nicht nur in der für die Nachkriegssoziologie entscheidenden Vielfalt der aufgegriffenen Themen oder der ganze Spezielle Soziologien konstituierenden Sonderhefte der *KZfSS* aus, sondern ist schon früh bei König angelegt. Wie Clemens Albrecht, auf den ich mich im Folgenden beziehe, überzeugend dargelegt hat, lassen sich vier Eckpunkte des König'schen Programms ausmachen, die alle in einer „älteren Kontinuitätslinie" stehen, das heißt, bereits Ende der 1920er und 1930er Jahre entwickelt wurden, so dass die 1950er Jahre „kein Neuansatz, sondern ein Wiederauflegen der 20er und 30er Jahre" darstellen, „freilich in einer historisch-politischen Lage, die die Anerkennungschancen des ganzen Programms potenziert hatte". (Albrecht 2013, S. 389) Die Eckpunkte des „magischen Viereck" (Albrecht) seiner Soziologie sind die „struktur-funktionalistische Ethnologie", „französische Theorie", „amerikanische Sozialforschung" und „moralistische Gegenwartswissenschaft" (ebd., S. 387). In der Mitte dieses Vierecks kann man noch die breite Tradition der deutschen Soziologie der Zwischenkriegszeit verorten, wie sie sich etwa im berühmten Handwörterbuch der Soziologie von Alfred Vierkandt von (1931) wiederspiegelt, von dem König 1982 noch eine gekürzte Studienausgabe herausgegeben hat.

Die Nähe zur Ethnologie ist für die französische Soziologie und ihren Impetus einer moralischen Erneuerung mithin bis zu den modernen Klassikern (Pierre Bourdieu, Georges Balandier) konstitutiv (vgl. Moebius und Peter 2004). Die ersten beiden Eckpunkte stehen sich aus dieser Sicht somit relativ nahe (siehe auch König 1984b). Die Ethnologie und ihre zentrale Bedeutung für die Humanwissenschaften verdankt König „dem direkten Einfluß" (König 1984a, S. 91 f.; ferner König 1981, S. 38–43) seines Lehrers Richard Thurnwald. In dessen Auftrag verfasst König 1931/1932– wie erwähnt – seinen ersten Artikel zur französischen Soziologie („Die neusten Strömungen in der gegenwärtigen französischen Soziologie",

© Springer Fachmedien Wiesbaden 2016

S. Moebius, *René König*, essentials, DOI 10.1007/978-3-658-11209-7_3

später wiederveröffentlicht unter „Bilanz der französischen Soziologie um 1930"). Der Beitrag erscheint in der seit 1925 von Thurnwald herausgegebenen und vom Titel her an die ab Mitte der 1950er Jahre von König umgetitelte *KZfSS* erinnernde *Zeitschrift für Völkerpsychologie und Soziologie* (1932/1933 und dann nach dem Krieg mit dem Obertitel *Sociologus*). Da hier die meisten von Königs Rezensionen vor der Emigration erschienen, kann man nach Albrecht „davon ausgehen, daß der *Sociologus* die zentrale sozialwissenschaftliche Referenzzeitschrift des jungen König war, schon alleine aus Karrieregründen" (Albrecht 2013, S. 390).

Thurnwald vertritt eine Durkheim verwandte entwicklungsgeschichtliche Auffassung, in dem er davon ausgeht, dass die heutigen sozialen Tatbestände noch auf ihre elementaren Formen verweisen. Insofern finden sich in seinen Augen in der *„zivilisatorischen Ausrüstung* der Menschen" trotz ihres „Eingewoben-Seins" in einen spezifisch-historischen sozio-kulturellen Kontext noch Elemente und Tiefendimensionen des Archaischen, die es „rückschauend" festzustellen gilt (Thurnwald 1957a, S. 117 und 120). Für König heißt das: „Planetarische Ausweitung des Blickfeldes und Eröffnung der Geschichte nach rückwärts bis in die Humangenese […]" (König 1972, S. 11). Eine Perspektive, die er auch in seinen Vorlesungen verfolgt, wenn er etwa die Familie, das Recht oder die Mode von ihrem Ursprung in der Bronzezeit über die alten Hochkulturen und im Kulturvergleich mit fremden Kulturen her betrachtet (Fröhlich 2008, S. 496). Nach Scheuch lässt Königs an Radcliffe-Brown und Malinowski angelehnte Auffassung einer strukturell-funktionalen Ethnologie „die Gegenwart verstehen als das Nebeneinander von Kontinuitäten in der menschlichen Entwicklung und Besonderheiten der Gesellschaften unserer Zeit" (Scheuch 2000, S. 60). Allerdings kritisiert König an den britischen Sozialanthropologen ihre Vernachlässigung der „Person und ihre Entfaltung" zugunsten einer einseitigen Berücksichtigung der Institutionen und ihrer spezifischen Funktionen (König 1972, S. 21). In der US-amerikanischen Kulturanthropologie hingegen findet König nicht nur die Mauss'sche kulturrelativistische Idee wieder, es gebe keine „nicht-zivilisierten Gesellschaften", alle Kulturen sind gleichen Ranges, sondern auch jene enge Verknüpfung zwischen Kultur und Person, zwischen Anthropologie und Psychologie. Vorbereitet ist dies aber mitunter auch durch Thurnwald, der – ganz ähnlich wie Mauss für die Soziologie und Ethnologie – ebenfalls auf die besondere Beziehung zwischen Ethnologie und Psychologie hingewiesen hat, wobei er im Gegensatz etwa zum Psychologismus Lévy-Bruhls und angeregt von der englischen „social anthropology" einen „psychologischen Funktionalismus" vertritt (vgl. Thurnwald 1957b, S. 9–34; siehe dazu auch Girtler 2006, S. 257; sowie Petermann 2004, S. 766 ff.). Mit Blick auf König ist hier die dialektische Beziehung zwischen Kultur und Person/Psyche von Bedeutung, die in seiner Forderung einer engen Beziehung zwischen „empirischer Kulturanthropologie amerikanischen Stils", Soziologie und Sozialpsychologie zum Ausdruck kommt (König 1972, S. 21). Unmittelbar praktischen Nutzen erhält eine solche „angewandte Kulturanthropologie" angesichts der „Entwicklungsproblematik der Dritten Welt", die es nicht ethnozentristisch zu bewältigen gelte, sondern nur mit Hilfe eines Wissens der spezifischen Kulturen und einer daran anknüpfenden „interkulturellen Kommunikation" (ebd., S. 8 f. und S. 38 ff.). Für die Positionierung im soziologischen Feld bedeutet dies nach König unter anderem eine Zurückweisung der philosophischen Anthropologie, die erst dann „aufgebaut" werden könne, wenn die „empirische Kulturanthropologie weiter gediehen" sei (ebd., S. 11).

Ganz praktisch kommt König mit der Kulturanthropologie unter anderem durch seine Reisen nach Afghanistan oder zu den Navajo-Reservationen in den USA in Berührung. Bereits in den Berliner Jahren hatte sich König für die Indianer des Südwestens interessiert und bei Thurnwald von ihnen gehört, wo er auch Clyde Kluckhohn kennenlernte, der sich bereits in den 1930er Jahren mit den Navajo beschäftigt hatte (König 1984a, S. 327 f. und 331 f.). Die erste Reise begann 1953, es folgten viele weitere bis Anfang der 1980er Jahre (vgl. König 1973, S. 11; König 1984a, S. 336). Die Methode war im übrigen qualitativer Art: Feldforschung mit teilnehmender Beobachtung. Immer wieder publizierte König seitdem zum Thema (vgl. König 1983). Ihn beschäftigte insbesondere die Frage, „*how do they make a living?*", angesichts von wirtschaftlichen Problemen, Arbeitslosigkeit und ungesicherter Zukunft (König 1984a, S. 335).

Die mit den Disziplinen der Kulturanthropologie, Soziologie und Sozialpsychologie implizierte, sich explizit auf Thurnwald berufende soziologische Orientierung auf die „Dreiecksbeziehung *Person – Gesellschaft – Kultur*" (König 1967a, S. 241 Stichwort Person) als „einheitlicher und unzerreißbarer Zusammenhang" ist für ihn auch wegweisend für die zukünftige Ausrichtung der *KZfSS*, wie er 1955 in seiner „Vorbemerkung des Herausgebers" festhält, wobei auch der Psychoanalyse als Verklammerung von Kulturanthropologie und Sozialpsychologie explizit eine zentrale Rolle zugesprochen wird (König 1998a, S. 105). Dabei ist in der Titelgebung der *KZfSS* Sozialpsychologie „nicht als Einzeldisziplin" gemeint, sondern „die sozialpsychologische Grundlegung der Soziologie" (Neumann und Schäfer 1990, S. 236).

In dieser Kerntriade sehe ich einen zentralen Punkt seiner Lehre. Was versteht König aber genau unter Person, Kultur und Gesellschaft und wie sind sie miteinander verwoben? Mit Blick auf die Person interessieren ihn zum einen verhaltensbiologische Fragen zur Unterscheidung zwischen Mensch und Tier, zum anderen die Prozesse der Soziabilisierung und Enkulturation, das heißt der „zweiten Geburt des Menschen" (König 1967a, S. 241 ff. Stichwort Person), der intersubjektiven Kulturaneignung jeder individuellen Person, primäre und sekundäre Sozialisierung

und das „Heranwachsen des Menschen in seiner Kultur" durch „spezifische Lern-
und Übertragungsmechanismen, mit deren Hilfe in den verschiedenen Kulturen
der kulturelle *Transfer* von einer Generation auf die andere vollzogen wird", und
wodurch sich kulturspezifisch dominante Persönlichkeitssyndrome konstituieren
(König 1972, S. 21). Dadurch, so die Hoffnung Königs, ließe sich auch der Widerspruch zwischen Personen- und Kollektivstrukturen methodisch überwinden.
Neben der Kulturanthropologie, Durkheim und der Psychoanalyse spielen hier für
König insbesondere Autoren des amerikanischen Pragmatismus wie Mead und
Cooley eine zentrale Rolle zur Erhellung der Prozesse der Enkulturation.

In Abgrenzung zu geschichtsphilosophischen Kulturbegriffen, zur künstlichen
„Scheidung zwischen den Systemen der Kultur (Kunst, Wissenschaft, Religion,
Sittlichkeit, Recht, Wirtschaft) und den ‚äußeren' Organisationsformen der Kultur
(Gemeinschaft, Herrschaft, Staat, Kirche)" sowie gegen die für König kulturpessi-
mistische Differenzierung zwischen ‚höherer' und ‚niederer' Kultur möchte er einen „spezifisch soziologischen Begriff der Kultur" setzen, der davon ausgeht, dass
„Kultur als inhärenter Bestandteil des sozialen Geschehens angesehen wird." (König 1967a, S. 160 ff. Stichwort Kultur) Soziale Tatbestände weisen somit immer
eine kulturelle, symbolische Dimension auf, ohne dass sie auf diese reduziert werden können. „Vielmehr sind soziale Sachverhalte immer auch kulturell geprägt und
vermittelt, wie umgekehrt jegliches Kulturphänomen eine reale sozial-historische
Kraft darstellt, die sich in sozialstrukturellen Gegebenheiten konstituiert", wie Michael Klein Königs Position zusammenfasst (Klein 2006, S. 393). König rekurriert
in seiner vergleichenden Kultursoziologie insbesondere auf die Kulturanthropologie, die in seinen Augen den Aspekt der Kultur als Problemlösungsmittel, als
Herausbildung von Gewohnheiten, als normative Handlungsorientierung sowohl
im Sinne der Formung als auch der Ausrichtung an Wertidealen, als Idee und Sym-
bol sowie als Enkulturation fasst (König 1967a, S. 163 Stichwort Kultur). Soziales
Handeln schließt aus dieser Perspektive betrachtet immer einen Sinnmoment ein.
Was zunächst nach Weber klingt, wird jedoch von König gleichsam pragmatistisch
gewendet, indem als Grundlage des sozialen Handelns nicht der subjektiv gemein-
te Sinn, sondern die – um es in der aktuellen Begrifflichkeit von Hans Joas zu
sagen – in der „primären Sozialität" (Joas) vermittelten sozialen Erfahrungen als
konstitutiv betrachtet werden (vgl. König 2002, S. 15 f.).

Vor dem Hintergrund, dass König der Erforschung der Kulturhaftigkeit des Sozialen eine so zentrale Position einräumt, nimmt es auch nicht Wunder, dass er –
vermittelt durch seinen Schüler und dann späteren Mitbegründer der Sektion Kultursoziologie Hans Peter Thurn – die von Friedrich Tenbruck und Wolfgang Lipp
forcierte Wiederbelebung der Kultursoziologie in Deutschland durch die Ermög-
lichung eines Schwerpunkthefts „Kultursoziologie" der *KZfSS* 1979 unterstützt

hat (Lipp und Tenbruck 1979; Albrecht und Moebius 2013). Für Königs eigene Kultursoziologie ist neben der Vielfalt an Themen, mit denen er die Kultur- und Symbolhaftigkeit des Sozialen aufzeigt und mit anderen Kulturen vergleicht (Enkulturation, Mode, Kleidung, Tanz, Kunst, Naturerleben etc.) gesellschaftstheoretisch und -diagnostisch insbesondere das Theorem des *cultural lag* von William F. Ogburn zentral. Das heißt, dass sich materielle bzw. immaterielle Kultur sowie die „verschiedenen kulturellen Variablen in verschiedenem Tempo entwickeln, was in der einen Richtung ‚Vorstöße', in der andern ‚Verspätungen' (*cultural lag*) zeugen muß" (König 1967a, S. 163 Stichwort Kultur; König 1949, S. 100 f.; König 1965b, S. 54 ff.). Der zeitgenössischen Soziologie kommt dabei nach König die Aufgabe zu, den diagnostizierten *cultural lag* aufzuheben, das heißt, die kulturellen Denk- und Wahrnehmungsschemata und Orientierungen den gesellschaftlichen Prozessen anzupassen, anstatt sie kulturkritisch zu verbrämen.

Ferner ist Königs auf die in Großbritannien entstehenden *Cultural Studies* (vgl. Moebius 2012a) vorverweisende, in den 1950er Jahren sich jedoch immer mehr durchsetzende Annahme zu nennen, der zufolge komplexe fortgeschrittene Industriegesellschaften aufgrund ihrer arbeitsteiligen und schichtspezifischen Differenzierung eine Vielzahl von „Subkulturen" hervorbringen (siehe auch König 1967a, S. 158 Stichwort Komplexe Gesellschaften). Statt gesamtgesellschaftlicher „normativer Integration" (Parsons) hat es die moderne Gesellschaft vielmehr mit ausdifferenzierten Subkulturen zu tun. Diese Perspektive ist König durch die Chicago-School der Soziologie vermittelt (König 1984b, S. 27 f.). Mit der Ausdifferenzierung und Pluralisierung unterschiedlicher Subkulturen und Schichten vervielfachen sich auch die jeweiligen Lebensformen, Erwartungen, Moralvorstellungen, Bildungsvorstellungen, Konsum- und Medienpraktiken, die aufgrund dieser „feinen Differenzierungen" (Bourdieu spricht später von „feinen Unterschieden") weniger auf eine „nivellierte Mittelstandsgesellschaft" (Schelsky) als vielmehr auf eine sich in viele Schichten und Ebenen entfaltende „pluralistische Gesellschaft" verweisen (König 2006b, S. 96 sowie S. 100; ferner König 2011a, S. 124 f.; zum Kontext von Schelskys These siehe Schäfer 2000), die aufgrund der unterschiedlichen „Berufe, Klassenschichtungen und sozialen Lagen" jedoch wiederum eigene Herrschafts- und Machtverhältnisse aufweist, was man nach König beispielsweise bei der Entstehung einer „neuen" sozialen Unterschicht (Unqualifizierte, Migranten, unversorgte alte Menschen, Unterprivilegierte etc.) beobachten könne (König 2006b, S. 98 f.). Die Frage sei dann, „wie solche hochkomplexen Systeme integriert werden können"? Man hört aus dieser Frage ganz deutlich Durkheim heraus, der auch für Königs Gesellschaftsbegriff zentral ist. Allerdings bleibt die Frage, wer hier integriert, unbeantwortet und Antworten darauf erschöpfen sich bei König ähnlich wie bei Durkheim meist im Verweis auf die gesellschaftsrelevanten Leistungen einer rationalen soziologischen Analyse.

Während Kultur die für die Persönlichkeitsbildung und Enkulturation zentralen immateriellen Wertvorstellungen, Leitideale und *habits* beinhaltet, so definiert Gesellschaft die jeweilige Stellung und Rolle der Person (König 1967a, S. 110 Stichwort Gesellschaft). Die Grundsituation der Person in der modernen Gesellschaft sei das Eingebettet-Sein in „soziale Verflechtungen", mit Simmel, die "Kreuzung sozialer Kreise" (Ebd., S. 157 Stichwort Komplexe Gesellschaften). Gesellschaft ist dabei zunächst als ein historisches, „verwickeltes System von sozialen Handlungen, Gruppen und Verhaltensnormen" gefasst (Ebd., S. 111), wobei es sich um ein „prozeßartiges Geschehen zwischenmenschlicher Natur [handelt], das jedoch – im Gegensatz zur Beziehungslehre – auch Teil- und Gesamtstrukturen hervorbringt, die sowohl der makro- wie der mikrosoziologischen Betrachtungsweise offenstehen" (Ebd., S. 106). Alle diese Strukturen unterliegen einem „ständigen strukturellen Wandel, der auch die Wertvorstellungen verändert" (König 2011a, S. 117). König teilt dabei Durkheims Auffassung, dass moderne komplexe Gesellschaften insbesondere durch Arbeitsteilung gekennzeichnet sind, durch Ausdifferenzierung und Spezialisierungen, die sowohl auf die Integrationsform einer „organischen Solidarität" hinweisen, die sowohl Kooperation als auch den „Kult des Individuums" (Durkheim) hervorruft. Diese Form von Integration sollte aber, so König, nicht darüber hinwegtäuschen, dass in den modernen Industriegesellschaften nicht nur eine Vielzahl von Moralvorstellungen, sondern auch von Herrschaftsstrukturen existieren, die ebenfalls immer komplexere Formen annehmen (König 1967a, S. 156 Stichwort Komplexe Gesellschaften). Die „Unzahl heterogener Elemente" führe darüber hinaus zu dem Umstand, „daß unsere modernen Industriegesellschaften für niemanden mehr ganz durchsichtig sind, weshalb die Entstehung eines *gesamtgesellschaftlichen Selbstbewußtseins* mehr und mehr von der sozialwissenschaftlichen Forschung abhängig wird" (ebd., S. 157 Stichwort Komplexe Gesellschaften). Gesamtgesellschaftliche Integration erfolge hierbei immer weniger auf der „unmittelbaren Basis des sozialen Geschehens", als vielmehr auf „der Ebene der *Symbolidentifikation* [...], wie schon Durkheim erkannte" (ebd., S. 157 Stichwort Komplexe Gesellschaften). Inwiefern eine solche Symbolidentifikation die in seinen Augen erforderliche Integrationsleistung der komplexen Gesellschaft vollbringen kann, wie so ein Prozess genau auszusehen hat und wer hier die maßgeblichen Akteure sind, wird allerdings nicht systematisch beantwortet und verbleibt auf der Ebene einer vagen Aufgabenbestimmung für die Sozialwissenschaften.

Bis hier ist schon vielfach deutlich geworden, dass sich König sowohl bei seinem Kultur- als auch bei seinem Gesellschaftsbegriff, ja in seiner soziologischen wie aufklärerischen Grundhaltung insgesamt auf die französische Soziologie der Durkheim-Schule bezieht. Sie bildet einen weiteren Eckpunkt seiner Soziologie, ja durchzieht die gesamte Schaffensperiode. König ist bis heute immer noch einer der besten deutschsprachigen Kenner der *durkheimiens* geblieben. In *Émile Durkheim zur Diskussion. Jenseits von Dogmatismus und Skepsis* versammelt er 1978 seine wichtigsten Texte zur Durkheim-Schule. Dabei ist bewusst von *Durkheim-Schule* zu sprechen, weil sich seine Aneignung und Rezeptionsleistung der französischen Soziologie nicht nur auf Durkheim beschränkt, sondern auch dessen Schüler umfasst, allen voran Marcel Mauss, der wesentlichen Anteil an der Soziologiekonzeption Durkheims hat (vgl. dazu etwa Moebius 2012b). Zuweilen hat es den Eindruck, er stehe Mauss näher als dessen Onkel, wenn es beispielsweise um die für Mauss so relevante Verknüpfung von Soziologie und Psychologie geht (vgl. etwa Mauss 1999). Und als einer der wenigen seiner Zeit erkennt König den Unterschied zwischen Durkheim und Mauss hinsichtlich des Symbolcharakters der Sprache und der soziologischen Zentralität des Symbolischen (König 1978a, S. 268; siehe auch Tarot 1999), rückt ihn dadurch jedoch vielleicht allzu schnell in die Nähe zu Lévi-Strauss.

Die Bedeutung der Durkheim-Schule für die Kölner Schule und insbesondere König setzt an verschiedenen Punkten an (neben Ähnlichkeiten in der engen Beziehung zwischen Soziologie und Ethnologie oder der kultursoziologischen Betonung des Symbolischen des Sozialen):

1. In der Gegenwartsdiagnose moderner komplexer Industriegesellschaften. Diese sind nach König insbesondere durch ihre Arbeitsteilung und Spezialisierung charakterisiert. Die Komplexität ist jedoch so weit vorangeschritten, dass eine soziale oder wirtschaftliche Integration nahezu unmöglich wird und anomische Prozesse zunehmen. Anomieprozesse erblickt König insbesondere Ende der 1960er Jahre etwa im Anstieg an Ehescheidungen, Selbstmorden, der Kriminalitätsrate, der Drogensucht und des Terrorismus (König 2011, S. 102 f.). Dabei wehrt sich die Kölner Schule gegen die in den 1970er aufkommende Rede von einer Krise der Soziologie; im Gegenteil: Ähnlich wie für Durkheim wird hier nun die Soziologie als Krisenwissenschaft und angewandte Aufklärung zur „Königsdisziplin". Ihr wird eine Integrationsfunktion zugesprochen, „indem sie als kritische Soziologie diesen hochkomplexen Zusammenhang durchsichtig macht und die kognitive Durchdringung des Strukturnetzes der fortgeschrittenen Industriegesellschaften anbahnt" (König 1979, S. 368 f). Dabei ist Durkheim auch der Stichwortgeber für zentrale soziologische Grundbegriffe wie „Sozialisierung", „Internalisierung" oder „Enkulturation" (König 2011a, S. 117).
2. Im reformerisch-aufklärerischen und kritisch-moralischen Impetus, den er mit der reform-sozialistischen Orientierung der *durkheimien*s teilt (Vgl. König 1984a, S. 28; vgl. auch Lüschen 1998, S. 10) und der auch den erwähnten

Praxisbezug der Soziologie motiviert. „Letztes Ziel der Sozialforschung wird aber die praktische Anwendung ihrer Ergebnisse sein […]." (König 1957, S. 32) Das führt ihn zu der Propagierung einer „kritischen Soziologie", die sich „gegen jede Machtausübung von welcher Seite auch immer" wende (König 1984a, S. 194). Ganz im Sinne Durkheims habe dies jedoch auf der Basis „rationaler Erkenntnis" zu geschehen. „Die Soziologie wird es niemals aufgeben können, die Emanzipation des Menschen und die Sicherung der Menschenwürde als ihren zentralen Gegenstand zu betrachten. Damit wird sie immer und überall, wo diese Werte bedroht sind, zu einem Werkzeug der Kritik und Opposition. […] Dieses Programm vereint Kritik und Reform mit der Entfaltung eines eigenen Systems der Wissenschaft […]" (König 1965c, S. 26 f.). Und so „repräsentiert heute der Soziologe jenen Stachel, von dem Sokrates sprach, und der nicht nur das Denken antreibt, sondern es zugleich auf den Weg der Wahrheit bringt" (König 1984a, S. 195).

3. Methodologisch: die Soziologie, die nichts als Soziologie sein soll, hat insbesondere den *Regeln der soziologischen Methode* (Durkheim 1961) zu folgen. König übersetzte dieses Werk, um den „deutsch-amerikanischen Provinzialismus" in der zeitgenössischen Soziologie zu überschreiten (König 1984a, S. 201). Denn bei Durkheim zeige sich eine enge Verzahnung zwischen Theorie, Methode und Praxisbezug, was einer „ganzen Generation von Forschungstechnokraten […], die das Instrument behandeln, als sei es allgemein ‚disponibel' ohne Rücksicht auf Gegenstand oder Umstände" vollkommen abhanden komme (ebd.). Die Wendung „Soziologie, die nichts als Soziologie ist" wurde jedoch oft als eine arg einschränkende Auffassung von Soziologie beurteilt oder missverstanden, deshalb ist es wichtig, dass König dieser Formel noch hinzufügt: das meint die „wissenschaftlich-systematische Behandlung der allgemeinen Ordnungen des Gesellschaftslebens, ihrer Bewegungs- und Entwicklungsgesetze, ihrer Beziehungen zur natürlichen Umwelt, zur Kultur im allgemeinen und zu den Einzelgebieten des Lebens und schließlich zur sozio-kulturellen Person des Menschen" (König 1967b, S. 8).

4. Die Durkheim-Schule ist einer von Königs bedeutenden Einsätzen im soziologischen Feld. Bereits vor 1945 ist sie für die Habilitationsschrift fundamental (Vgl. Albrecht 2002), später für die rational-wissenschaftliche und moralische Position Königs. In der Nachkriegszeit ist das Ausspielen der Durkheim-Karte jedoch nicht ohne Risiko, zumal in einem Umfeld, das von der Durkheim-Schule wenig Ahnung hat. So versuchte Adorno 1967 in der Einleitung zur Durkheim-Textsammlung *Soziologie und Philosophie*, mit Durkheim auch zugleich König und im Zuge des Positivismusstreits das, was Adorno unter Positivismus verstand, in einem zu demontieren (Vgl. Peter 2013). Adornos „Spieleifer" geht

sogar so weit, den Reformsozialisten und Moralisten Durkheim in die Nähe faschistischer Ideologen zu rücken (Vgl. Adorno 1967, S. 15). König erkennt dieses Machtspielchen im soziologischen Feld sofort und reagiert mit dem „Nachwort zum ‚Suicide'" auf Adornos „zänkisches Gegeifere", in dem er alle Anschuldigungen und Fehllektüren korrigiert (Vgl. König 1978c, S. 215 ff.; siehe auch König 1976, S. 328). Zu diesem Kampf gehört auch die harsche Kritik an dem Durkheim-Buch der Adorno-Schülerin Inge Hofmann, die König vorwirft, die „Regeln" seien sein „esoterisches Glaubensbekenntnis" (Hofmann 1973, S. 198), was König (1978b, S. 324 ff.) wiederum mit dem Vorwurf, hier handle es sich um „primitiv-marxistische Vulgärphilosophie" kontert.

Was den Eckpfeiler der empirischen Sozialforschung betrifft, mit dem König und die Kölner Schule meistens (ausschließlich) assoziiert werden, so ist die für die Nachkriegssoziologie typische „Amerikanisierung" bei König ebenfalls schon viel früher zu verorten, genauer gesagt in dem nicht zuletzt durch den *Sociologus* vermittelten (vgl. Albrecht 2013, S. 400) Interesse an der Chicago School. So habe König, laut Scheuch, die amerikanische Soziologie „in einer sehr spezifischen Ausprägung" nach Deutschland transportiert, „nämlich als Soziologie der zwanziger und vor allem der dreißiger Jahre. Diese Soziologie war sehr stark sozialpsychologisch geprägt und nahm ihre Themen aus dem, was wir heute wieder Lebenswelt nennen. [...] Das gehört nun gar nicht zu Durkheim, aber René König war eben keine widerspruchsfreie Figur, sondern Eklektiker" (Scheuch 2000, S. 60). Zu Durkheim gehört jedoch die Hinwendung zu konkreten gesellschaftlichen Problemen, die König mit empirischer Sozialforschung verbindet, eine Orientierung, worin sich die Durkheim- und die Chicago Schule überhaupt nicht widersprechen. Auch beim Eckpfeiler der empirischen Sozialforschung ist die Tradition der Durkheim-Schule vollkommen sichtbar, auch wenn König nach dem Krieg einen intensiveren Austausch mit US-amerikanischen Sozialwissenschaftlern denn mit französischen unterhielt. Das auf Initiative von Heinz Maus entworfene und dann von König herausgegebene *Handbuch der empirischen Sozialforschung* ist neben Vierkandt und Geiger zwei Durkheim-Schülern gewidmet (Mauss, Halbwachs). Im Vorwort zur dritten Auflage des *Handbuchs der empirischen Sozialforschung* heißt es dazu:

> [...] die erste Einführung in die amerikanische Soziologie erhielt ich neben *Vierkandt* durch meinen anderen Lehrer an der Universität Berlin, *Richard Thurnwald*, von dem ich überdies lernte, daß Soziologie ohne soziale und kulturelle Anthropologie ein Unding ist, und der gleichzeitig in Deutschland am energischsten gegen die blicklose soziologische Spekulation auftrat und für die Vereinigung der verschiedensten Perspektiven, von der allgemeinen Anthropologie über die Psychiatrie und Psychoanalyse

bis zur Sozialpsychologie und empirischen Kulturwissenschaft, eintrat. Dies waren die gleichen Gedanken, die ich von meinen französischen Lehrern Marcel Mauss und Maurice Halbwachs vermittelt erhielt. […] Durch *Theodor Geiger* erfuhr ich schon früh die Bedeutung der Statistik für den Ausbau einer positiven Soziologie als Erfahrungswissenschaft, dazu aber noch die Lehren einer *‚furchtlosen Sozialwissenschaft'* […]. (König 1973b, S. IX f.; s. a. König 1984a, S. 194)

Der Zusammenhang zwischen empirischer Sozialforschung und gesellschaftlicher Praxis bzw. Konsequenzen ist für König zentral. Die Forschungstechniken seien sekundär und werden von der Sache her entschieden (König 1998b, S. 147). Alles andere bezeichnet er als „Fliegenbeinzählerei", „Forschungstechnokratismus" oder „Klempnermeisterei" (König 1988a, S. 156).

Dennoch fördert König die quantitative Sozialforschung wie kein anderer seiner Zeit. Warum eigentlich? Er selbst war ja kein ausgesprochener Kenner der dazugehörigen Methoden und Instrumentarien, hatte „keinen Bezug zu quantitativen Vorgehensweisen und verstand unter Empirie eher Feldstudien im Sinne der Ethnologie" (Scheuch 1996, S. 209). Zwei Dimensionen sind hier von Bedeutung: Zum einen stammt der entscheidende Impuls für die Sozialforschung „gerade aus dem Willen zur Veränderung, der sich aus gehäuften existenziellen Unklarheiten, welche die Orientierung immer mehr belasten, entwickelt" (König 1998b, S. 145). Empirische Sozialforschung avanciert zu einer Methode der *reeducation* der Deutschen. „Aber er [gemeint ist König, S.M.] war der Meinung, die Deutschen hätten in den Sozialwissenschaften genug Hermeneutik gehabt, sie müssten empirische Sozialforschung betreiben. Daher förderte er Scheuch und andere Leute wie Rüschemeyer, die auf die Empirie setzten und die damals auch die Untersuchung vorantrieben, die zu den berühmten Aufsätzen in der ›Kölner Zeitschrift für Soziologie und Sozialpsychologie‹ geführt haben über die Selbsteinschätzung der Deutschen", so der damalige König-Student Hans-Ulrich Wehler (2006, S. 47 f.).

Steht hinsichtlich der bundesrepublikanischen Gesellschaft in der Förderung der empirischen Sozialforschung der Wille zur *„aktiven Umformung der gegebenen Verhältnisse"* (König 1998b, S. 144) im Vordergrund, so ist zum anderen die quantitative Sozialforschung auch im Hinblick auf das soziologische Feld von Bedeutung für König, als ein probates Kampfmittel gegen Adorno und Schelsky (König 1998b, S. 141 ff.; siehe auch Scheuch 1996, S. 209).

Versucht man insgesamt Königs Entwicklung der empirischen Sozialforschung zu erfassen, so lässt sich eine Art methodische „Kreisbewegung" ausmachen, wie Dieter Fröhlich festgestellt hat:

Er begann in der deutschen geisteswissenschaftlichen Tradition der Hermeneutik, der Lehre vom Verstehen, Deuten, Auslegen, Interpretieren, setzte sich aber bald von ihr ab und propagierte objektive Erkenntnis mit Hilfe empirischer, quantitativer

Methoden. [...] Er selbst konnte sich in seiner eigenen Forschung mit diesen Methoden nie recht anfreunden und war sehr unsicher in ihrer Anwendung. Für ihn hätte es nahegelegen, die qualitativen Methoden zu fördern, die sich ab den 1980er Jahren in Deutschland entwickelten. Aber auch ihnen konnte er nichts abgewinnen [...]. Der engste Familien- und Freundeskreis kannte Königs Verachtung des deutschen Bildungsbürgertums wegen seines historischen Versagens angesichts des Nationalsozialismus, was er offensichtlich mit der hermeneutischen Verstehenstradition dieses Bürgertums in Verbindung brachte. [...] Wahrscheinlich sah er in der eher positivistischen Wissenschafts- und Denktradition vor allem der angelsächsischen Länder größere Erziehungspotentiale zur Festigung von Zivilgesellschaft und Demokratie, die er über sein Eintreten für Empirie und Objektivität festigen wollte (Fröhlich 2008, S. 524 f.).

Die Kreisbewegung besteht nun darin, dass er später – etwa auch in seinen Forschungen über die Indianer – wieder zu seinen hermeneutischen Anfängen zurückkehrt, um dann aber nochmal eine Wendung einzuführen hin zu einer empathischen Ethnologie, wie man sie etwa von dem Mauss-Schüler Michel Leiris kennt (vgl. Moebius 2006, S. 349 ff.). In *Soziologie und Ethnologie* spricht König 1984 von „Ergriffenheit" und der Fähigkeit des teilnehmenden Beobachters, sich „überraschen" zu lassen – im Gegensatz zur „geruhsamen Beobachtung (König 1984b, S. 25). Und weiter, dass dadurch auch die „Begrenztheit der Kategorie des Verstehens immer greifbarer sichtbar" werde, weswegen sich „die Ethnomethodologie darum letztlich als Holzweg [erweise], *weil sie das entscheidende Problem der Ethnologie, nämlich die Erkenntnis des ›Anderen‹, des ‚Fremden‘, in seiner spezifischen Motivationsstruktur nicht annähernd begriffen hat.* [...] Hier bedarf die Soziologie noch einer stärkeren Durchdringung mit Ethnologen" (Ebd., S. 31).

Wirft man noch einen kurzen Blick auf seine moralische bzw. „moralistische Gegenwartsdiagnostik" (Albrecht), so kann man sich, was die Frage nach den für König relevanten Thematiken angeht, zunächst an den Eintragungen des die Kölner Soziologieausrichtung prägenden Fischer-Lexikons orientieren. Das sind die zunächst an Durkheim erinnernden Topoi der bereits erwähnten Arbeitsteilung und der Anomie, aber auch Bürokratisierung, Familie, Gemeinde, Struktur und Wandel von Industrie und Betrieben, Institution, Masse und Massenkommunikation, Mobilität, Schichtung, soziale Kontrolle, sozialer Wandel, unterentwickelte Gesellschaften und Vorurteile und Minoritäten zu nennen. Hinzuzufügen wären noch etwa Königs Arbeiten zu Kunst, Konsum, Mode, Technik, Beruf, Alter oder Jugend. Zu all diesen Themen hat König jenseits des Lexikons auch zahlreiche Einzelanalysen vorgelegt, ohne je einen dieser sozialen Tatbestände zum alleinigen Grundprinzip des Sozialen zu hypostasieren, wie dies in werbewirksamen, aber darum noch lange nicht aussagekräftigen Zeitdiagnosen zuweilen geschieht, die König (1979, S. 358 f.) im Übrigen hefig kritisierte. Unschwer lässt sich ein

Zusammenhang der von König aufgegriffenen Themen zu den zeitgenössischen gesellschaftspolitischen und kulturellen Problemen seiner Zeit herstellen. Einige zentrale Punkte der Gegenwartsdiagnose wurden bereits angesprochen, etwa Königs Kritik an der Nivellierungsthese Schelskys und die damit verbundene Kennzeichnung der modernen fortgeschrittenen Industriegesellschaft als komplexe pluralistische Gesellschaft mit spezifischen „cultural lags". Soziologie dient dabei stets als ein kritisches „Instrument der Bewußtseinserweiterung der modernen Gesellschaften" (König 2011a, S. 127), sie ist eine „Moralwissenschaft" (vgl. dazu auch Lüschen 1998, S. 10). Zu erwähnen ist jedoch, dass auch in der Gegenwartsdiagnostik die Ethnologie eine nicht unwichtige Rolle spielt, indem König etwa gegen manche Spielarten der Modernisierungstheorien gewandt betont, dass man die Strukturen der modernen Gesellschaft „etwas mehr als Ethnologe betrachten sollte, das heißt von außen, und nicht so, als ob man von vornherein alle Ziele dieser Gesellschaft teilen würde" (König 1988b, S. 15). Und hervorzuheben ist darüber hinaus die Orientierung an den „sozial-moralischen Leitideen von Freiheit und Menschenwürde" (König 1949, S. 38), die Königs Gegenwartsdiagnose ständig begleitet. Pointiert hat König selbst einmal geschrieben:

> Die Soziologie als Gegenwarts-‚Wissenschaft' weiss aber mit endgeschichtlichen Visionen nichts anzufangen, sie will auch nicht ‚das Reich erzwingen', sondern sie will kämpfen mit dem Unsinn dieses Lebens auf ihre Weise, auf dass der allseits eingestandenen und von keinem Klarblickenden geleugneten Schwierigkeiten, Reibungen, Spannungen und Nöte um einiges weniger werden möchten. Die Soziologie als Gegenwartswissenschaft kennt auch kein ‚Absolutes' […]. Das ewig Relative, der unaufhörlich sich umwälzende Prozess gesellschaftlichen Werdens ist ihr einziges Feld. Und wenn sie nach festen Werten Ausschau hält, so sucht sie diese auch nicht in einem ‚Reich der Freiheit' […], sondern ausschliesslich in dem Rahmen, der durch zwischenmenschliche Beziehungen und ihre Ordnungen in Brauch, Sitte und Recht abgesteckt wird (ebd., S. 37).

Zusammenfassend lässt sich bei Betrachtung der Eckpfeiler der König'schen Lehre, wenn man so will, auch hier ein Widerspruch ausmachen: Seine Soziologie und der dahinter steckende Habitus scheinen weiter und offener, ja transdisziplinärer zu sein, als es die eigene Beschränkung auf eine „Soziologie, die nichts als Soziologie" sein soll, vermuten lassen.

Was Sie aus diesem Essential mitnehmen können

- René König war maßgeblich an Neuaufbau, der Konsolidierung und Professionalisierung der bundesrepublikanischen Soziologie beteiligt
- Eine adäquate der Geschichte der deutschsprachigen Soziologie nach 1945 lässt sich nur mit Inbezugnahme von René König erfassen
- König war gar nicht der positivistische „Fliegenbeinzähler", für den man ihn hielt, sondern sein soziologisches Programm war viel weiter gesteckt
- Soziologie verbleibt nicht im wertfreien Raum, sondern ist nach König Oppositionswissenschaft und aktive (Um-)Gestaltung der gesellschaftlichen Verhältnisse

© Springer Fachmedien Wiesbaden 2016
S. Moebius, *René König,* essentials, DOI 10.1007/978-3-658-11209-7

Literatur

Adorno T (1967) Einleitung. In: Durkheim É (Hrsg) Soziologie und Philosophie. Suhrkamp, Frankfurt a. M., S 7–44

Albrecht C (2002) Literaturbesprechung. Kölner Z Soziol Sozialpsychol 54(1):163–166

Albrecht C (2013) Nachwort. In: König R (Hrsg) Soziologie als Krisenwissenschaft. Durkheim und das Paradigma der französischen Gesellschaft (Schriften Bd. 8, Hrsg. und mit einem Nachwort von Clemens Albrecht). VS Verlag für Sozialwissenschaften, Wiesbaden, S 387–413

von Alemann H (2000) Nachwort. In: König R (Hrsg) Zur Konstitution moderner Gesellschaften. Studien zur Frühgeschichte der Soziologie (Schriften. Bd. 7, Hrsg und mit einem Nachwort versehen von Heine von Alemann). VS Verlag für Sozialwissenschaften, Opladen, S 315–336

Atteslander P (1996) Bruchstücke. In: Fleck C (Hrsg) Wege zur Soziologie nach (1945). Biographische Notizen. VS Verlag für Sozialwissenschaften, Opladen, S 161–183

Conze E (2009) Die Suche nach Sicherheit. Eine Geschichte der Bundesrepublik Deutschland von 1949 bis in die Gegenwart. Siedler, München

Dahrendorf R (1960) Die drei Soziologien. Zu Helmut Schelskys „Ortsbestimmung der deutschen Soziologie". Kölner Z Soziol Sozialpsychol 12:120–133

Durkheim É (1961) Regeln der soziologischen Methode (übersetzt und eingeleitet von René König). Neuwied

Fröhlich D (2008) Nachwort. In: König R (Hrsg) Schriften zur Kultur- und Sozialanthropologie (Schriften Bd. 17, Hrsg. und mit einem Nachwort von Dieter Fröhlich). VS Verlag für Sozialwissenschaften, Wiesbaden, S 495–526

Geppert D (2012) Die Ära Adenauer. Wissenschaftliche Buchgesellschaft, Darmstadt

Gerhard U (2006) Wie ich Soziologin wurde – eine Rekonstruktion. In: Vogel U (Hrsg) Wege in die Soziologie und die Frauen- und Geschlechterforschung. Autobiographische Notizen der ersten Generation von Professorinnen an der Universität. VS Verlag für Sozialwissenschaften, Wiesbaden, S 50–60

Girtler R (2006) Kulturanthropologie. Eine Einführung. LIT, Münster

Gurvitch G (2006) Écrits allemande III. In: von Papilloud C, Rol C (Hrsg). Harmattan, Paris

Hofmann I (1973) Bürgerliches Denken. Zur Soziologie Emile Durkheims. Athenäum, Frankfurt a. M

© Springer Fachmedien Wiesbaden 2016

S. Moebius, *René König*, essentials, DOI 10.1007/978-3-658-11209-7

Klein M (2006) Nachwort. In: König R (Hrsg) Strukturanalyse der Gegenwart (Schriften Bd. 12, Hrsg. und mit einem Nachwort versehen von Michael Klein). VS, Wiesbaden, S 377–412

König R (1949) Soziologie heute. Regio-Verlag, Zürich

König R (1957) Praktische Sozialforschung. In: König R (Hrsg) Das Interview. Formen – Technik – Auswertung. Köln, S 13–33

König R (1965a) Soziologische Orientierungen. Vorträge und Aufsätze. Kiepenheuer & Witsch, Köln

König R (1965b) Bemerkungen zur Sozialpsychologie. In: König R (Hrsg) Soziologische Orientierungen, Vorträge und Aufsätze. Kiepenheuer & Witsch, Köln

König R (1965c) Soziologie als Oppositionswissenschaft und als Gesellschaftskritik. In: König R (Hrsg) Soziologische Orientierungen, Vorträge und Aufsätze. Kiepenheuer & Witsch, Köln, S 17–28

König R (Hrsg) (1967a) Soziologie. Fischer-Lexikon, umgearbeitete und erw. Neuausgabe. Fischer-Taschenbuch, Frankfurt a. M.

König R (1967b) Einleitung. In: König R (Hrsg) Soziologie. Fischer-Lexikon, umgearbeitete und erw. Neuausgabe. Fischer-Taschenbuch, Frankfurt/M., S 8–14

König R (1972) Einleitung: Über einige Grundfragen der empirischen Kulturanthropologie. In: König R, Schmalfuß A (Hrsg) Kulturanthropologie. Econ-Verlag, Düsseldorf, S 7–48

König R (1973a) Indianer wohin? Alternativen in Arizona. Skizzen zur Entwicklungssoziologie. Westdeutscher, Opladen

König R (1973b) Vorwort des Herausgebers zur dritten Auflage. In: König R (Hrsg) Handbuch der empirischen Sozialforschung. Bd. 1: Geschichte und Grundprobleme. Enke-Verlag, Stuttgart, S VI–XI

König R (1975) Warum ich dieses Buch schrieb. Vorwort von 1974. In: König R (Hrsg) Kritik der historisch-existenzialistischen Soziologie. Ein Beitrag zur Begründung einer objektiven Soziologie. Piper, München, S 9–19

König R (1976) Emile Durkheim. Der Soziologe als Moralist. In: Kaesler D (Hrsg) Klassiker des soziologischen Denkens. Bd. 1: Von Comte bis Durkheim. Beck, München, S 312–364

König R (1978a) Émile Durkheim zur Diskussion. Jenseits von Dogmatismus und Skepsis. Hanser, München

König R (1978b) Neues über Durkheim. In: König R (Hrsg) Émile Durkheim zur Diskussion. Jenseits von Dogmatismus und Skepsis. Hanser, München, S 308–332

König R (1978c) Nachwort zum „Suicide". In: König R (Hrsg) Émile Durkheim zur Diskussion. Jenseits von Dogmatismus und Skepsis. Hanser, München, S 208–238

König R (1978d) Bilanz der französischen Soziologie um 1930. In: König R (Hrsg) Émile Durkheim zur Diskussion, Jenseits von Dogmatismus und Skepsis. Hanser, München, S 56–103

König R (1979) Gesellschaftliches Bewußtsein und Soziologie. Eine spekulative Überlegung. Deutsche Soziologie seit 1945. Kölner Z Soziol Sozialpsychol (Sonderheft) 21:358–370

König R (1981) Soziologie in Berlin um 1930. Kölner Z Soziol Sozialpsychol (Sonderheft) 23:34–58

König R (1983) Navajo-Report. Von der Kolonie zur Nation. D. Reimer, Berlin

König R (1984a) Leben im Widerspruch. Versuch einer intellektuellen Autobiographie. Ullstein-Verlag, Frankfurt/M.

König R (1984b) Soziologie und Ethnologie. Kölner Z Soziol Sozialpsychol (Sonderheft) 26:17–35

König R (1984c) Richard Thurnwalds Beitrag zur Theorie der Entwicklung. Kölner Z Soziol Sozialpsychol (Sonderheft) 26:364–378

König R (1987a) Soziologie in Deutschland. Begründer/Verfechter/Verächter. Hanser, München

König R (1987b) Die Juden und die Soziologie. In: König R (Hrsg) Soziologie in Deutschland. Begründer/Verfechter/Verächter. Hanser, München, S 329–342

König R (1988a) „Tout va très bien …" René König über Emigration und Nachkriegssoziologie im Gespräch mit Wolf Schönleiter. In: Blaschke W et al (Hrsg) Nachhilfe zur Erinnerung. 600 Jahre Universität zu Köln. Pahl-Rugenstein, Köln, S 139–158

König R (1988b) Aktuelle und anthropologische Perspektiven der Jugendforschung. In: Zentralsparkasse und Kommerzialbank Wien (Hrsg) Jugend im Sozialstaat ohne Zukunft? Verlag der Zentralsparkasse, Wien, S 15–24

König R (1989) Identität und Anpassung im Exil. In: Haller M et al (Hrsg) Kultur und Gesellschaft. Verhandlungen des 24. Deutschen Soziologentags, des 11. Österreichischen Soziologentags und des 8. Kongresses der Schweizerischen Gesellschaft für Soziologie in Zürich 1988. Campus, Frankfurt a. M., S 113–126

König O (1996) Die Rolle der Familie in der Soziologie unter besonderer Berücksichtigung der Familiensoziologie René Königs. Familiendynamik 21(3):239–267

König R (1998a) Vorbemerkung des Herausgebers zum Jahrgang VII der Kölner Zeitschrift für Soziologie und Sozialpsychologie. In: König R, Klein v. M, König O (Hrsg) Soziologe und Humanist. Texte aus vier Jahrzehnten. VS Verlag für Sozialwissenschaften, Opladen, S 103–107

König R (1998b) Einige Bemerkungen über die Bedeutung der empirischen Sozialforschung in der Soziologie. In: König R, Klein v. M, König O (Hrsg) Soziologe und Humanist. Texte aus vier Jahrzehnten. VS Verlag für Sozialwissenschaften, Opladen, S 140–148

König O (1999) Nachwort. In: König R (Hrsg) Autobiographische Schriften (Schriften Bd. 18, Hrsg. von Mario und Oliver König und mit einem Nachwort versehen von Oliver König). Leske & Budrich, Opladen, S 429–450

König R (1999a) Fragment aus der Familiengeschichte. In: König R (Hrsg) Autobiographische Schriften (Schriften Bd. 18, Hrsg. von Mario und Oliver König und mit einem Nachwort versehen von Oliver König). VS Verlag für Sozialwissenschaften, Opladen, S 331–343

König R (1999b) Der Verlag „Die Runde". In: König R (Hrsg) Autobiographische Schriften (Schriften Bd. 18, Hrsg. von Mario und Oliver König und mit einem Nachwort versehen von Oliver König). VS Verlag für Sozialwissenschaften, Opladen, S 322–330

König R (2000) Briefwechsel, Bd. 1 (Schriften, Bd. 19, Hrsg. von Mario und Oliver König und mit einem Nachwort versehen von Oliver König). Opladen

König R (2002) Von der Notwendigkeit einer Familiensoziologie (1945/1974). In: König R (Hrsg) Familiensoziologie (Schriften Bd. 14., Hrsg. und mit einem Nachwort versehen von Rosemarie Nave-Herz). VS Verlag für Sozialwissenschaften, Opladen, S 9–48

König R (2006a) Strukturanalyse der Gegenwart (Schriften. Bd. 12, Hrsg. und mit einem Nachwort versehen von Michael Klein). VS, Wiesbaden

König R (2006b) Die Gesellschaftsstruktur in der Bundesrepublik und ihr Wandel von 1945 bis heute. In: König R (Hrsg) Strukturanalyse der Gegenwart. (Bd. 12, Hrsg. und mit einem Nachwort versehen von Michael Klein). VS, Wiesbaden, S 92–105

König R (2011a) Die Entfaltung der modernen Soziologie. Georg Simmel, Emile Durkheim, Karl Mannheim, William Fielding Ogburn. In: König R (Hrsg) Soziologie als Oppositionswissenschaft. Zur gesellschaftskritischen Rolle der Soziologie (Schriften Bd. 9, Hrsg. von Heine von Alemann). VS Verlag für Sozialwissenschaften, VS, Wiesbaden, S 113–130

König R (2011b) Einige Bemerkungen über die Bedeutung der empirischen Forschung für die Soziologie (1969/1979). In: König R (Hrsg) Schriften zur Grundlegung der Soziologie. (Theoretische und methodische Perspektiven Bd. 11. Hrsg. von Hummell H-J). VS, Wiesbaden, S 95–126

König O (2013) „Moralische Genesung" und „ein gewisses Misstrauen". René König in Briefen und Erinnerungen über den Wandervogel. In: Stambolis B (Hrsg) Jugendbewegt geprägt. Essays zu autobiographischen Texten von Werner Heisenberg, Robert Jungk und vielen anderen. Vandenhoeck & Ruprecht, Göttingen, S 417–432

König R (2014) Briefwechsel Band II. In: von König M, König O (Hrsg). VS, Wiesbaden

Krekel-Eiben, EM (1990) Soziologische Wissenschaftsgemeinschaften. Ein struktureller Vergleich am Beispiel der Fachpublikationen in der Bundesrepublik Deutschland und den USA. Deutscher Universitätsverlag, Wiesbaden

Lepsius MR (1979) Die Entwicklung der Soziologie nach dem Zweiten Weltkrieg. 1945–1967. Kölner Z Soziol Sozialpsychol (Sonderheft) 21:25–70

Lepsius MR (1981) Die Soziologie der Zwischenkriegszeit: Entwicklungstendenzen und Beurteilungskriterien. Kölner Z Soziol Sozialpsychol (Sonderheft) 23:7–23

Lepsius MR (2008) Soziologie als Profession. Autobiographische Skizzen. In: Hepp A, Löw M (Hrsg) M. Rainer Lepsius. Soziologie als Profession. Campus, Frankfurt a. M., S 83–149

Lipp W, Tenbruck F (Hrsg) (1979) Schwerpunktheft Kultursoziologie. Kölner Z Soziol Sozialpsychol 31(3):393–398

Lüschen G (1995) 25 Jahre deutscher Nachkriegssoziologie - Institutionalisierung und Theorie. In: Schäfers B (Hrsg) Soziologie in Deutschland. Entwicklung, Institutionalisierung und Berufsfelder. Theoretische Kontroversen. Leske & Budrich, Opladen, S 11–33

Lüschen G (1998) Entwicklung und Programm einer Soziologie der Moral. In: Lüschen G (Hrsg) Das Moralische in der Soziologie. Westdeutscher Verlag, Opladen, S 9–36

Mauss M (1999) Wirkliche und praktische Beziehungen zwischen Soziologie und Psychologie. In: Mauss M (Hrsg) Soziologie und Anthropologie, Bd. 2. Frankfurt a. M., S 145–173

Moebius S (2006) Die Zauberlehrlinge. Soziologiegeschichte des Collège de Sociologie 1937–1939. UVK, Konstanz

Moebius S (2012a) Cultural studies. In: Moebius S (Hrsg) Kultur. Von den Cultural Studies bis zu den Visual Studies. transcript, Bielefeld, S 13–33

Moebius S (2012b) Die Religionssoziologie von Marcel Mauss. In: Mauss M (Hrsg) Schriften zur Religionssoziologie (Hrsg. und eingeleitet von Stephan Moebius et al.). Suhrkamp, Berlin, S 617–682

Moebius S (2014) René Königs Züricher Vorlesungen (1938–1952). In: Lichtblau K, Endreß M, Moebius S (Hrsg) Zyklos. Jahrbuch für Theorie und Geschichte, Bd. 1. VS Verlag für Sozialwissenschaften, Wiesbaden, S 251–282

Moebius S (2015a) René König und die „Kölner Schule". Eine soziologiegeschichtliche Annäherung. VS Verlag für Sozialwissenschaften, Wiesbaden

Moebius S (2015b) René König (1906–1992): Der Weg über die Kunst zur (Kunst-)Soziologie. In: Steuerwald C (Hrsg) Klassiker der Soziologie der Künste. VS Verlag für Sozialwissenschaften, Wiesbaden

Moebius S, Albrecht C (Hrsg) (2013) Kultur-Soziologie. Klassische Texte der neueren deutschen Kultursoziologie. VS Verlag für Sozialwissenschaften, Wiesbaden

Moebius S, Peter L (Hrsg) (2004) Französische Soziologie der Gegenwart. UVK, Konstanz

Morandi P (2006) Soziologie in der Schweiz. Anmerkungen zu ihrer historischen Entwicklung im 19. und 20 Jahrhundert. In: Acham K et al. (Hrsg) Der Gestaltungsanspruch der Wissenschaft. Aufbruch und Ernüchterung in den Rechts-, Sozial- und Wirtschaftswissenschaften auf dem Weg von den 1960er zu den 1980er Jahren. Steiner, Stuttgart, S 259–292

Nave-Herz R (2006) Biographische Notizen. In: Vogel U (Hrsg) Wege in die Soziologie und die Frauen- und Geschlechterforschung. Autobiographische Notizen der ersten Generation von Professorinnen an der Universität. Wiesbaden, S 17–22

Neumann M, Schäfer G (1990) „Blick nach vorn": Ein Gespräch mit René König. In: Dahme H-J et al (Hrsg) Jahrbuch für Soziologiegeschichte 1990. Opladen, S 219–238

Peter L (2013) Dialektik der Gesellschaft versus „Conscience collective"? Zur Kritik Theodor W. Adornos an Émile Durkheim. In: Bogusz T, Delitz H (Hrsg) Émile Durkheim. Soziologie – Ethnologie – Philosophie. Campus.Verlag, Frankfurt/New York, S 73–94

Petermann W (2004) Die Geschichte der Ethnologie. Hammer, Wuppertal

Sahner H (1982) Theorie und Forschung. Westdeutscher Verlag, Opladen

Schäfer G (2000) Die nivellierte Mittelstandsgesellschaft – Strategien der Soziologie in den 50er Jahren. In: Bollenbeck G, Kaiser G (Hrsg) Die janusköpfigen 50er Jahre. Kulturelle Moderne und bildungsbürgerliche Semantik III. Wiesbaden, S 115–142

Schelsky H (1981) Rückblicke eines „Anti-Soziologen". Westdeutscher Verlag, Opladen

Scheuch EK (1996) Es mußte nicht Soziologie sein, aber es war besser so. In: Fleck C (Hrsg) Wege zur Soziologie nach 1945. Biographische Notizen. VS Verlag für Sozialwissenschaften, Opladen, S 199–219

Scheuch EK (1998) Wissenschaft – Anwendung – Publizistik: Drei Leben als Sozialwissenschaftler. In: Bolte M, Neidhardt F (Hrsg) Soziologie als Beruf. Erinnerungen westdeutscher Hochschulprofessoren der Nachkriegsgeneration. Sonderband 11 der Sozialen Welt. Nomos-Verlag, Baden-Baden, S 233–266

Scheuch EK (2000) Soziologie als angewandte Aufklärung. In: Sahner H (Hrsg) Soziologie als angewandte Aufklärung. Weniger als erwartet, aber mehr als zu befürchten war. Die Entwicklung der Nachkriegssoziologie aus der Sicht der frühen Fachvertreter. Nomos-Verlag, Baden-Baden, S 59–72

Scheuch EK (2001) Soziologie in Köln. In: Allmendinger J (Hrsg) Gute Gesellschaft? Verhandlungen des 30. Kongresses der Deutschen Gesellschaft für Soziologie in Köln 2000. Teil A. Leske + Budrich, Opladen, S 113–168

Schütz A (2002) Der Heimkehrer. In: Merz-Benz P-U, Wagner G (Hrsg) Der Fremde als sozialer Typus. Utb, Konstanz, S 93–110

Srubar I (2013) Emigration und Innovation. In: Soeffner H-G, DGS (Hrsg) Transnationale Vergesellschaftungen. Verhandlungen des 35. Kongresses der Deutschen Gesellschaft für Soziologie in Frankfurt am Main 2010, Bd. 2. Springer, Wiesbaden, S 1093–1105

Tarot C (1999) De Durkheim à Mauss. L'invention du symbolique. La Découverte, Paris

Thurn HP (1992) René König und die Kunst. Eine Skizze. In: von Alemann H, Kunz G (Hrsg) René König. Gesamtverzeichnis der Schriften. In der Spiegelung von Freunden, Schülern, Kollegen. Springer, Opladen, S 266–273

Thurn HP (1998) Nachwort. In: König R (Hrsg) Die naturalistische Ästhetik in Frankreich und ihre Auflösung (Schriften Bd. 1, und mit einem Nachwort versehen von Hans Peter Thurn). VS Verlag für Sozialwissenschaften, Opladen, S 249–266

Thurn HP (2000) Nachwort. In: König R (Hrsg) Vom Wesen der deutschen Universität (Schriften Bd. 2, neu Hrsg. und mit einem Nachwort versehen von Hans Peter Thurn). VS Verlag für Sozialwissenschaften, Opladen, S 243–270

Thurn HP (2013) Metaphern und Mythen der Macht. Zu René Königs Machiavelli-Deutung. Nachwort. In: König R (Hrsg) Niccolò Machiavelli. Zur Krisenanalyse einer Zeitenwende (Schriften Bd. 4, neu Hrsg und mit einem Nachwort versehen von Hans Peter Thurn). VS Verlag für Sozialwissenschaften, Wiesbaden, S 279–324

Thurnwald R (1957a) Analyse von Entwicklung und Zyklus. In: Thurnwald R (Hrsg) Grundfragen menschlicher Gesellung. Ausgewählte Schriften, Reihe Forschungen zur Ethnologie und Sozialpsychologie, Bd. 2. Duncker & Humblot, Berlin, S 114–135

Thurnwald R (1957b) Der Kulturhintergrund des primitiven Denkens. In: Thurnwald R (Hrsg) Grundfragen menschlicher Gesellung. Ausgewählte Schriften, Reihe Forschungen zur Ethnologie und Sozialpsychologie, Bd. 2. von Hilde Thurnwald, Duncker & Humblot, Berlin, S 9–34

Wehler H-U (2006) Eine lebhafte Kampfsituation. Ein Gespräch mit Manfred Hettling und Cornelius Torp. C. H. Beck, München

Zahn E (1992) Zwischen Zürich und Amsterdam: René König und mein eigener Weg. In: König R (Hrsg) Gesamtverzeichnis der Schriften. In der Spiegelung von Freunden, Schülern, Kollegen. Heine v. Alemann und Gerhard Kunz, Opladen, S 278–283

Ziegler, R (1998) In memoriam René König. Für eine Soziologie in moralischer Absicht. In: König R, Klein M, König O (Hrsg) Soziologe und Humanist. Texte aus vier Jahrzehnten. Opladen, S 20–32

Zürcher M (1995) Unterbrochene Tradition. Die Anfänge der Soziologie in der Schweiz. Chronos, Zürich

Weiterführende Literatur

König R. Schriften. Ausgabe letzter Hand, 20 Bände. Wiesbaden
König R. Handbuch der empirischen Sozialforschung, 14 Bände. München
Klein v. M, König O (Hrsg) (1998) René König Soziologe und Humanist. Texte aus vier Jahrzehnten. VS Verlag für Sozialwissenschaften, Opladen

Sekundärliteratur

Alemann Hv, Kunz G (Hrsg) (1992) René König. Gesamtverzeichnis der Schriften. In der Spiegelung von Freunden, Schülern, Kollegen (Zu den Schriften Königs). VS Verlag für Sozialwissenschaften, Opladen
Moebius S (2015a) René König und die „Kölner Schule". Eine soziologiegeschichtliche Annäherung. VS Verlag für Sozialwissenschaften, Wiesbaden

Weblink

www.rene-koenig-gesellschaft.de

Hörbuch

König R (2006) Ich bin Weltbürger. Originaltonaufnahmen 1954–1980. supposé, Köln

Lesen Sie hier weiter

Stephan Moebius

**René König und
die „Kölner Schule"**
Eine soziologiegeschichtliche
Annäherung

2015, 120 S.,
Softcover € 16,99
ISBN 978-3-658-08181-2

Änderungen vorbehalten.
Erhältlich im Buchhandel oder beim Verlag.

Einfach portofrei bestellen:
leserservice@springer.com
tel +49 (0)6221 345-4301
springer.com